中高职一体化课程改革成果教材

二手车鉴定评估与交易

丛书主编　俞佳飞

主　　编　王　强

副主编　龙　亚

参　　编　陈　苏　孙　伟　冯　谣　冯晓栋

主　　审　朱福根

机械工业出版社

本教材紧跟行业发展，执行国家标准、行业标准及相关规定，面向汽车技术服务与营销专业人才的培养，从二手车鉴定评估与交易的实际工作出发，介绍了二手车鉴定评估准备、二手车静态技术鉴定、新能源二手车技术鉴定、二手车动态技术鉴定、二手车价值评估、二手车鉴定评估报告撰写和二手车交易等内容，共包括 7 个项目 24 个任务。

本教材配套有丰富的教学资源，包括电子课件、电子教案、习题及答案和相关教学视频等，以便于读者学习参考。

本教材能够满足汽车技术服务与营销专业人才的培养需要和职业能力的发展需求，能够满足鉴定估价师（机动车鉴定评估师）、二手车鉴定评估师等职业的培养要求，也可供汽车检测与维修技术等专业的技术人员参考。

图书在版编目（CIP）数据

二手车鉴定评估与交易 / 王强主编. -- 北京 : 机械工业出版社，2025. 8. -- (中高职一体化课程改革成果教材). -- ISBN 978-7-111-78913-0

Ⅰ. U472.9；F766

中国国家版本馆CIP数据核字第2025E7P381号

机械工业出版社（北京市百万庄大街22号　邮政编码100037）

策划编辑：于志伟　　责任编辑：于志伟　谢熠萌

责任校对：张爱妮　李　杉　　封面设计：王　旭

责任印制：常天培

北京联兴盛业印刷股份有限公司印刷

2025年8月第1版第1次印刷

210mm × 285mm • 9.5印张 • 285千字

标准书号：ISBN 978-7-111-78913-0

定价：45.00 元

电话服务	网络服务
客服电话：010-88361066	机　工　官　网：www.cmpbook.com
010-88379833	机　工　官　博：weibo.com/cmp1952
010-68326294	金　书　网：www.golden-book.com
封底无防伪标均为盗版	机工教育服务网：www.cmpedu.com

前 言
PREFACE

本教材是为适应“二手车鉴定评估与交易”等课程的教学需要及汽车技术服务与营销、汽车检测与维修技术等专业领域的职业需求而编写的，包括二手车鉴定评估准备、二手车静态技术鉴定、新能源二手车技术鉴定、二手车动态技术鉴定、二手车价值评估、二手车鉴定评估报告撰写和二手车交易等内容。通过对本教材的学习，读者能够掌握二手车鉴定评估与交易方面的知识和技能，并能促进劳动精神、诚实守信精神和一丝不苟、精益求精的工匠精神的培养。

本教材采用项目引导、任务驱动的形式，以工作任务驱动课程的学习，注重知识学习和技能培养。全书结构紧凑，内容精练，重点突出，图文并茂；执行现行国家标准、团体标准及行业规范，注重实用性，使读者能学有所用、学以致用，助推“大国工匠”、高技能人才的培养工作。

本教材坚持“岗课赛证”融通，聚焦二手车相关岗位（二手车鉴定评估、二手车销售、二手车拍卖、二手车网络平台运营等），能为从事二手车相关岗位的工作者奠定坚实的基础；聚焦“二手车鉴定与评估”“二手车鉴定评估与交易”等课程的教学需要，将“三教”改革落到实处；聚焦全国职业院校技能大赛“汽车营销”赛项“机动车鉴定评估作业”模块的竞赛内容，对技能竞赛起到了重要的指导作用；聚焦国家人力资源和社会保障部《鉴定估价师（机动车鉴定评估师）（2021版）》国家职业技能标准，为机动车鉴定评估师的职业技能水平提升和职业技能鉴定提供助力。

本教材由浙江交通职业技术学院王强任主编，浙江交通职业技术学院龙亚任副主编，本教材编写分工如下：王强编写项目一、项目二的任务四～任务八和项目三；并对全书进行了统稿；龙亚编写项目二的任务一～任务三和项目四；浙江交通职业技术学院陈荪、孙伟和冯谣分别编写项目五、项目六和项目七；浙江元通阳光汽车有限公司冯晓栋参加了项目三的编写。本教材由浙江交通职业技术学院朱福根教授主审。感谢浙江交通职业技术学院鲍婷婷、浙江合宾汽车销售服务有限公司董健等在本教材编写过程中给予的帮助。

由于编者水平有限，书中难免有疏漏和不妥之处，欢迎读者批评指正。

编　者

二维码清单

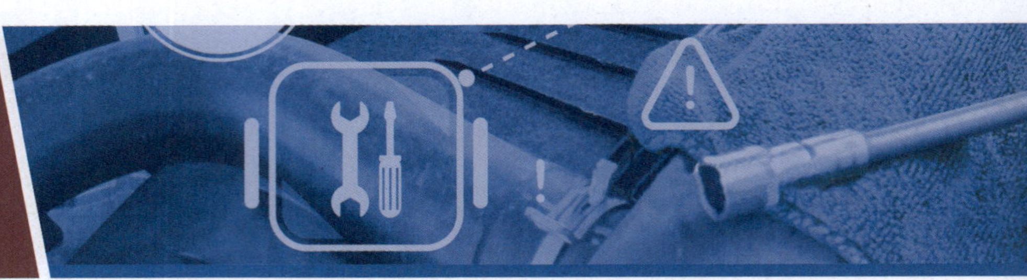

名称	图形	名称	图形
01. 二手车鉴定评估作业流程		08. A 柱的检查	
02. 二手车证件资料查验		09. B 柱的检查	
03. 可交易车辆判别		10. C 柱的检查	
04. 车辆拍照		11. 车辆漆面检查	
05. 核对车辆 VIN 码		12. 汽车玻璃检查	
06. 判别事故车		13. 车轮的检查	
07. 漆膜仪的使用		14. 发动机舱检查	

（续）

名称	图形	名称	图形
15. 行李舱的检查		18. 安全带的检查	
16. 转向盘的检查		19. 底盘的检查	
17. 中控台的检查		20. 新能源汽车前机舱的检查	

目　录
CONTENTS

01 项目一

二手车鉴定评估准备

【项目描述】

为了更好地做好二手车鉴定评估工作，需要在工作前进行充分的准备，包括掌握二手车相关的基础知识，熟知相关的工作程序，了解有关法规政策和标准，辨识客户资料、法定证件和税费票据，对车辆进行全方位拍照，掌握二手车鉴定评估委托书的内容、格式，具备与客户签订二手车鉴定评估委托书的能力等。

做好准备工作，不但能为客户提供优质的服务和良好的体验，也能为下一步的二手车鉴定评估与交易工作奠定良好的基础，保证后续工作的顺利开展。

为了更好地完成相应教学任务、达成教学效果，本项目选取了掌握二手车基础知识、二手车证件资料的查验和二手车鉴定评估委托书的签订三个典型工作任务。

思维导图

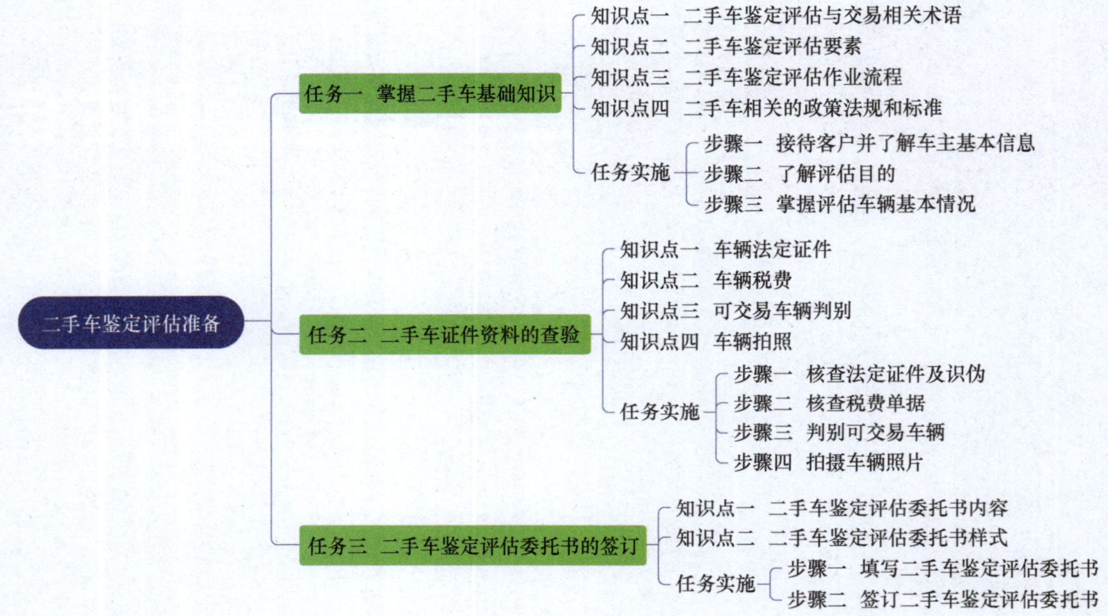

任务一　掌握二手车基础知识

【任务描述】

小王是某二手车鉴定评估公司的新员工，他之前没有二手车鉴定评估方面的工作经验，现在开始学习二手车有关的知识和技能。在同事的协助下，他首先需要做好二手车鉴定评估的准备工作，并开始接待二手车客户。

【任务目标】

通过本任务的学习，需要达成以下目标：

1）掌握二手车鉴定评估与交易的相关术语和鉴定评估要素。

2）掌握二手车鉴定评估的基础知识和操作程序。

3）了解二手车相关的政策法规和标准。

4）能够完成二手车鉴定评估业务接待工作。

5）能够了解车主基本信息、评估目的并掌握评估车辆的基本情况。

6）增强法律意识，具有遵纪守法、按章办事意识，培养一丝不苟、精益求精的工匠精神。

7）培养 7S（整理、整顿、清洁、清扫、素养、安全、节约）意识并在工作中执行。

【任务分析】

通过本任务的学习，可以对二手车鉴定评估工作有初步认识。要达成任务目标，可以按照以下流程进行：

1）学习二手车鉴定评估与交易相关术语、二手车鉴定评估要素、二手车鉴定评估作业流程和二手车相关的政策法规和标准等知识点。

2）通过车辆资料，了解客户（车主）基本信息。

3）了解评估目的。

4）掌握评估车辆的基本情况。

完成本任务需要准备的工作场景和设备有：理实一体化教室，汽车整车、客户资料、车辆证件和税费单据、计算机、工作夹、纸、笔、名片和工牌等。

完成本任务所需的知识详见相关知识中的各知识点。

【相关知识】

知识点一　二手车鉴定评估与交易相关术语

1. 二手车

《二手车流通管理办法》于 2005 年 10 月 1 日起施行，对二手车做出了明确定义。二手车，是指从办理完注册登记手续到达到国家强制报废标准之前进行交易并转移所有权的汽车（包括三轮汽车、低速载货汽车，即原农用运输车）、挂车和摩托车。

2. 二手车鉴定评估

二手车鉴定评估是指二手车鉴定评估机构对二手车技术状况及其价值进行鉴定评估的经营活动。二手车价格形成的因素复杂、多变，除了依靠科学严谨的二手车鉴定评估理论和方法外，还须凭借评估人员的实践经验，是科学与经验的结合。

3. 二手车经营行为

二手车经营行为是指二手车经销、拍卖、经纪和鉴定评估等。

4. 二手车经销

二手车经销是指二手车经销企业收购和销售二手车的经营活动。

5. 二手车拍卖

二手车拍卖是指二手车拍卖企业以公开竞价的形式将二手车转让给最高应价者的经营活动。

6. 二手车经纪

二手车经纪是指二手车经纪机构以收取佣金为目的，为促成他人交易二手车而从事居间、经纪或者代理等经营活动。

7. 二手车交易市场

二手车交易市场是指依法设立、为买卖双方提供二手车集中交易和相关服务的场所。

知识点二　二手车鉴定评估要素

1. 二手车鉴定评估的主体

二手车鉴定评估的主体，是指二手车评估业务的承担者，即专业从事二手车鉴定评估的机构和人员，对专业评估机构和评估人员的主要要求如下。

（1）对二手车评估机构的要求　二手车交易市场经营者、二手车经销企业和经纪机构应当具备企业法人条件，并依法到工商行政管理部门办理登记。二手车交易市场经营者和二手车经营主体应当依法经营和纳税，遵守商业道德、接受监督检查，应当建立完整的二手车交易购销、买卖、拍卖、经纪以及鉴定评估档案。

（2）对专业二手车鉴定评估人员的要求　鉴定评估人员的素质对评估工作水平和评估质量有重要影响，因此对从事二手车鉴定评估人员有较高的要求。

1）二手车鉴定评估人员必须掌握一定的资产评估业务理论及资产评估的方法。

2）熟悉并掌握与二手车交易有关的政策、法规、行业管理制度以及相关的技术标准。

3）具备对二手车技术状况进行准确判断和鉴定能力。

4）具有较高的信息资料收集、分析和运用能力。

5）具有经济预测、财务会计、市场、金融、物价和法律等方面的知识。

6）具有良好的职业道德，公平公正、遵纪守法，保证二手车鉴定评估的质量。

2. 二手车鉴定评估的客体

二手车鉴定评估的客体是指待评估的车辆，是鉴定评估的具体对象。二手车鉴定评估的主要目的就是在二手车的交易过程中准确地确定二手车价格，并以此作为买卖成交的参考底价。

3. 二手车鉴定评估的依据

二手车鉴定评估的依据是指评估工作所遵循的法律、法规、经济行为文件以及其他参考资料，一般包括行为依据、法律依据、产权依据和价格依据四部分。

（1）行为依据　是指实施二手车鉴定评估的依据，一般包括与经济行为相关的决议文件以及评估当事方的评估业务委托书。

（2）法律依据　是指二手车鉴定评估所遵循的法规和国家标准，主要包括《国家资产评估管理办法》《国有资产评估管理办法实施细则》《机动车登记规定》《机动车强制报废标准规定》《二手车流通管理办法》《二手车交易规范》《二手车鉴定评估技术规范》和《机动车运行安全技术条件》等。

（3）产权依据　是指表明机动车权属证明的文件，主要包括机动车来历凭证、机动车登记证书、机动车行驶证、营运证等。

（4）价格依据　是指实施二手车鉴定评估的机构或人员，在评估工作中直接或间接取得或使用的，对二手车鉴定评估有借鉴或佐证作用的资料。价格依据包括历史依据和现实依据两个方面：历史依据主要是二手车辆的账面原值、净值等资料，它具有一定的客观性，但不能作为评估的直接依据；现实依据是以基准日的现时条件为准，即现时的价格、现时的车辆功能状态等。

4. 二手车鉴定评估的目的

二手车鉴定评估的目的是正确反映二手车的价值及变动，为将要发生的经济行为提供公平的价格尺度，主要有以下几方面。

（1）车辆交易转让　二手车在交易市场上进行买卖时，买卖双方对二手车交易价格的期望是不同的，甚至相差甚远。因此，需要鉴定评估人员对被交易的二手车进行鉴定评估，评估的价格作为买卖双方成交的参考底价。

（2）车辆置换　车辆置换业务有两种情况：一种是以旧换新业务，另一种是以旧换旧业务，两种情况都会涉及对置换车辆的鉴定评估。车辆的置换业务直接关系到置换双方的利益。所以，需要鉴定评估师对预置换的车辆进行公平合理的鉴定评估，为置换双方提供现时价值依据。

（3）车辆担保　车辆担保是指车辆产权人，用其拥有的机动车辆为他人或单位的经济行为进行担保时，需要二手车鉴定评估师对预担保车辆的价值进行公平评估，为担保人提供价值依据。

（4）司法鉴定　当事人遇到机动车辆诉讼时，可以委托鉴定评估师对车辆进行评估，有助于把握事实真相。同时，法院在判决时，可以依据鉴定评估师的结论为法院司法裁定提供现实价值依据。此外，评估机构亦接受法院等司法部门或个人的委托鉴定和识别走私车、盗抢车、非法拼装车等非法车辆。

5. 二手车鉴定评估的原则

为了保证二手车鉴定评估结果的真实、准确、公平合理和被认可，就必须遵循一定的原则，主要有公平性原则、独立性原则、客观性原则、科学性原则、专业性原则和可行性原则等。

（1）公平性原则　是二手车鉴定评估人员应遵守的最基本的道德规范。鉴定评估人员的思想作风、工作态度应当公正无私，评估结果应当公平、公正、合理，不能偏向任何一方。

（2）独立性原则　是要求二手车鉴定评估工作人员应该依据国家的有关法规和规章制度及可靠的资料数据，对被评估的二手车做出合理评定，不受外界干扰和委托者意图的影响，应独立开展鉴定评估工作。

（3）客观性原则　是指评估结果应以充分的事实为依据，它要求对车辆技术状况的鉴定分析应真实客观，对二手车价值评估所依据的数据资料应真实可靠。

（4）科学性原则　是指在二手车评估过程中，必须根据评估的目的，选择适用的评估标准和方法，使评估结果科学合理。

（5）专业性原则　要求鉴定评估人员接受专门的职业培训，培训合格后上岗。

（6）可行性原则　也称有效性原则，要想使鉴定评估的结果真实可靠，就要求鉴定评估人员具有较高的职业素养；评估中采用的资料数据真实可靠；鉴定评估的程序、方法科学严谨。

知识点三　二手车鉴定评估作业流程

1. 二手车鉴定评估的业务接待

二手车鉴定评估业务接待是二手车鉴定评估的第一项工作，也是一项重要的日常工作。业务接待工作的好坏直接影响二手车鉴定评估机构的形象和信誉，也是企业生存的基础。因此，二手车鉴定评估人员应该重视并做好业务接待工作，注意事项如下。

1）接待客户时，要清晰、完整、快速、确切地表达意见和想法。

2）接待洽谈中，要对自己的话语表达加以控制，不能出现音调、音量失控的情况。

3）体态要端正，手势要与说话的语速、语调、音量密切配合，不能出现脱节的情况。

4）与客户洽谈的距离要保持在 1~1.5m，视线接触对方脸部的时间应占全部谈话时间的 30%~60%。

5）着装要合体、合时，装饰要适当，化妆应自然。

6）与客户进行电话交谈时，要认真做好记录，使用礼貌词语。

7）与客户进行业务洽谈应主要了解车主的基本情况、车辆情况、委托评估的目的、时间要求等。

8）与客户签订二手车鉴定评估委托书时，要认真填写双方的权利、义务以及违约责任的相关内容。

9）涉及国有资产占有单位要求申请立项的二手车鉴定评估业务，应由委托方提供国有资产管理部门关于评估立项申请的批复文件，经核实后，方能接受委托和签署委托书。

2. 二手车鉴定评估的操作程序

二手车鉴定评估操作程序是指对具体的评估车辆，从受理鉴定评估、查验可交易车辆、受理委托到完成鉴定评估任务、出具鉴定评估报告的具体步骤和工作环节。二手车鉴定评估作为一个重要的专业领域，情况复杂、作业量大，应当分步骤、分阶段地实施相应的工作，二手车鉴定评估作业流程具体包括以下 9 个阶段，如图 1-1 所示。

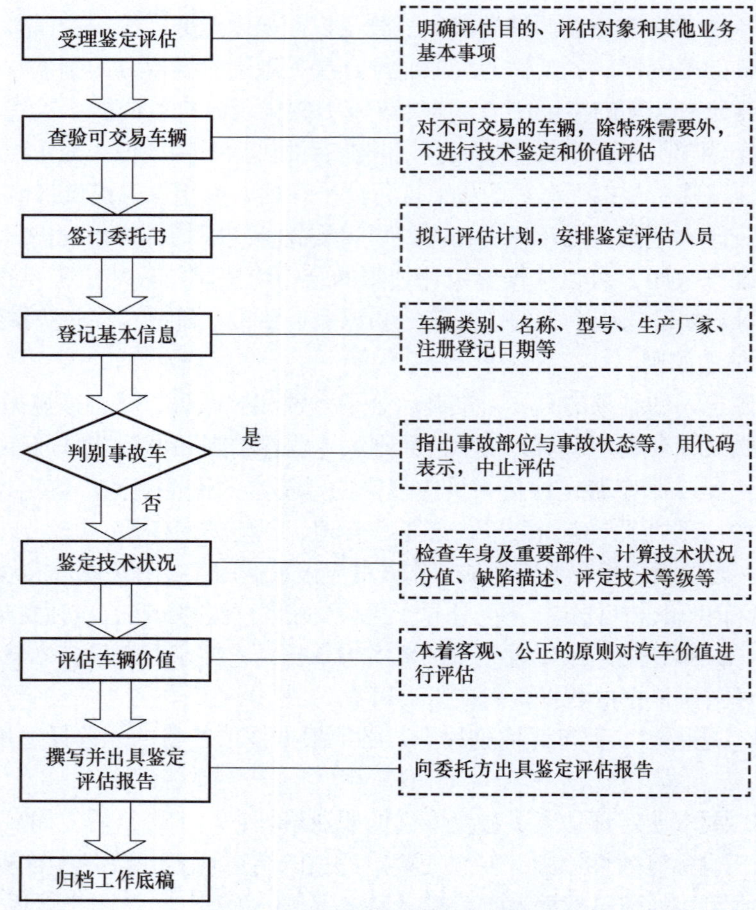

图 1-1　二手车鉴定评估作业流程

（1）受理鉴定评估　明确评估目的、评估对象和其他业务基本事项。

（2）查验可交易车辆　对不可交易的车辆，除特殊需要外，不进行技术鉴定和价值评估。

（3）签订委托书　根据鉴定评估的要求，二手车鉴定评估机构需要与委托方签订评估委托书，向委托方收集有关资料、了解情况，拟定评估计划，安排鉴定评估人员。

（4）登记基本信息　包括车辆类别、名称、型号、生产厂家和注册登记日期等。

（5）判别事故车（包括泡水车和火烧车）　指出事故部位和事故状态等，中止评估。

（6）鉴定技术状况　检查车身及重要部件、技术状况评分、缺陷描述、评定技术等级等。

（7）评估车辆价值　在鉴定评估人员查勘鉴定的基础上，根据评估对象和目的，选择适当的评估方法，本着客观、公正的原则对汽车价值进行评估，确定评估结果。

（8）撰写并出具鉴定评估报告　在对鉴定评估依据的参数进行全面核对的基础上，撰写鉴定评估报告，鉴定评估报告中必须包括的内容有估价的依据、鉴定估价的目的、评估范围和评估基础准确时间、评估前提和鉴定估价结论等。

（9）归档工作底稿　将所有文件的底稿归档。

知识点四　二手车相关的政策法规和标准

国家针对二手车出台了较多的政策法规和标准，作为二手车鉴定评估人员，必须熟悉有关二手车的各种政策法规，如有关交易的法规、有关报废年限的法规以及有关税收的法规等。掌握这些政策法规，有助于鉴定评估工作的顺利进行，否则就有可能造成错评、漏评，甚至出现违反有关法律法规的行为。

根据二手车在交易、鉴定评估中所涉及的业务内容，二手车交易评估的有关政策法规和标准有《机动车登记规定》《机动车强制报废标准规定》《二手车流通管理办法》《二手车交易规范》《二手车鉴定评估技术规范》等。

1.《机动车登记规定》

中华人民共和国公安部颁布的《机动车登记规定》（自 2022 年 5 月 1 日起施行）有如下规定：

1）已注册登记的机动车所有权发生转让的，现机动车所有人应当自机动车交付之日起三十日内向登记地车辆管理所申请转让登记。

2）机动车所有人申请转让登记前，应将涉及该车的道路交通安全违法行为和交通事故处理完毕。

3）申请转让登记的，现机动车所有人应当交验机动车，确认申请信息，并提交以下证明、凭证。

① 现机动车所有人的身份证明。

② 机动车所有权转让的证明、凭证。

③ 机动车登记证书。

④ 机动车行驶证。

⑤ 属于海关监管的机动车，还应当提交海关监管车辆解除监管证明书或者海关批准的转让证明。

⑥ 属于超过检验有效期的机动车，还应当提交机动车安全技术检验合格证明和交通事故责任强制保险凭证。

4）关于检验合格标志核发的规定：

① 机动车所有人可以在机动车检验有效期满前三个月内向车辆管理所申请检验合格标志。除大型载客汽车、校车以外的机动车因故不能在登记地检验的，机动车所有人可以向车辆所在地车辆管理所申请检验合格标志。

② 申请前，机动车所有人应当将涉及该车的道路交通安全违法行为和交通事故处理完毕。申请时，机动车所有人应当确认申请信息并提交行驶证、机动车交通事故责任强制保险凭证、车船税纳税或者免税证明、机动车安全技术检验合格证明。

③ 免予到机动车安全技术检验机构检验的机动车，机动车所有人申请检验合格标志时，应当提交机动车所有人身份证明或者行驶证、机动车交通事故责任强制保险凭证、车船税纳税或免税证明。

④ 公安机关交通管理部门应当实行机动车检验合格标志电子化，在核发检验合格标志的同时，发放检验合格标志电子凭证。检验合格标志电子凭证与纸质检验合格标志具有同等效力。

⑤ 机动车检验合格标志灭失、丢失或者损毁，机动车所有人需要补领、换领的，可以持机动车所有人身份证明或者行驶证向车辆管理所申请补领或者换领。对机动车交通事故责任强制保险在有效期内的，车辆管理所应当自受理之日起一日内补发或者换发。

5）机动车销售企业、二手车交易市场、机动车安全技术检验机构、报废机动车回收企业和邮政、金融机构、保险机构等单位，经公安机关交通管理部门委托可以设立机动车登记服务站，在公安机关交通管理部门监督管理下协助办理机动车登记及相关业务。

6）机动车登记服务站应当使用统一的计算机管理系统协助办理机动车登记及相关业务。机动车登记服务站协助办理机动车登记的，可以提供办理保险和车辆购置税、机动车预查验、信息预录入等服务，便利机动车所有人一站式办理。

7）机动车所有人可以委托代理人代理申请各项机动车登记和业务，但共同所有人变更、申请补领机动车登记证书、机动车灭失注销除外。代理人申请机动车登记和业务时，应当提交代理人的身份证明和机动车所有人的委托书。

2.《机动车强制报废标准规定》

中华人民共和国商务部等联合颁布的《机动车强制报废标准规定》（自 2013 年 5 月 1 日起施行）有如下规定：

1）根据机动车使用和安全技术、排放检验状况，国家对达到报废标准的机动车实施强制报废。

2）国家对达到一定行驶里程的机动车引导报废。达到下列行驶里程的机动车，其所有人可以将机动车交售给报废机动车回收拆解企业，由报废机动车回收拆解企业按规定进行登记、拆解、销毁等处理，并将报废的机动车登记证书、号牌、行驶证交公安机关交通管理部门注销。

3）各类机动车使用年限规定及行驶里程参考值详见表 1-1。

表 1-1　机动车使用年限及行驶里程参考值汇总表

车辆类型与用途					使用年限 / 年	行驶里程参考值 / 万 km
汽车	载客	营运	出租客运	小、微型	8	60
				中型	10	50
				大型	12	60
			租赁		15	60
			教练	小型	10	50
				中型	12	50
				大型	15	60
			公交客运		13	40
			其他	小、微型	10	60
				中型	15	50
				大型	15	80
		专用校车			15	40
		非营运	小、微型客车、大型轿车*		无	60
			中型客车		20	50
			大型客车		20	60
	载货	微型			12	50
		中、轻型			15	60
		重型			15	70
		危险品运输			10	40
		三轮汽车、装用单缸发动机的低速货车			9	无
		装用多缸发动机的低速货车			12	30
	专项作业	有载货功能			15	50
		无载货功能			30	50
挂车	半挂车	集装箱			20	无
		危险品运输			10	无
		其他			15	无
	全挂车				10	无
摩托车	正三轮				12	10
	其他				13	12
轮式专用机械车					无	50

注：1. 表中机动车主要依据《道路交通管理　机动车类型》（GA 802—2019）进行分类；标注 * 车辆为乘用车。

2. 对小、微型出租客运汽车（纯电动汽车除外）和摩托车，省、自治区、直辖市人民政府有关部门可结合本地实际情况，制定严于表中使用年限的规定，但小、微型出租客运汽车不得低于 6 年，正三轮摩托车不得低于 10 年，其他摩托车不得低于 11 年。

3.《二手车流通管理办法》

中华人民共和国商务部等联合颁布的《二手车流通管理办法》（自 2005 年 10 月 1 日起施行）有如下规定：

1）二手车卖方应当拥有车辆的所有权或者处置权。二手车交易市场经营者和二手车经营主体应当确认卖方的身份证明、车辆的号牌、机动车登记证书、机动车行驶证、有效的机动车安全技术检验合格标志、车辆保险单、交纳税费凭证等。国家机关、国有企事业单位在出售、委托拍卖车辆时，应持有本单位或者上级单位出具的资产处理证明。

2）出售、拍卖无所有权或者处置权车辆的，应承担相应的法律责任。

3）二手车卖方应当向买方提供车辆的使用、修理、事故、检验以及是否办理抵押登记、交纳税费、报废期等真实情况和信息。买方购买的车辆如因卖方隐瞒和欺诈不能办理转移登记，卖方应当无条件接受退车，并退还购车款等费用。

4）二手车经销企业销售二手车时应当向买方提供质量保证及售后服务承诺，并在经营场所予以明示。

5）进行二手车交易应当签订合同。合同示范文本由国务院工商行政管理部门制定。

6）二手车所有人委托他人办理车辆出售的，应当与受托人签订委托书。

7）委托二手车经纪机构购买二手车时，双方应当按以下要求进行：

① 委托人向二手车经纪机构提供合法身份证明。

② 二手车经纪机构依据委托人要求选择车辆，并及时向其通报市场信息。

③ 二手车经纪机构接受委托购买时，双方签订合同。

④ 二手车经纪机构根据委托人要求代为办理车辆鉴定评估，鉴定评估所发生的费用由委托人承担。

4.《二手车交易规范》

中华人民共和国商务部颁布的《二手车交易规范》（自 2006 年 3 月 24 日起施行）有如下规定：

1）二手车交易应当签订合同，明确相应的责任和义务。交易合同包括：收购合同、销售合同、买卖合同、委托购买合同、委托出售合同、委托拍卖合同等。

2）二手车交易市场经营者、经销企业、拍卖公司应建立交易档案，交易档案主要包括以下内容：

① 车辆法定证明、凭证复印件。

② 购车原始发票或者最近一次交易发票复印件。

③ 买卖双方身份证明或者机构代码证书复印件。

④ 委托人及授权代理人身份证或者机构代码证书以及授权委托书复印件。

⑤ 交易合同原件。

⑥ 二手车经销企业的《车辆信息表》，二手车拍卖公司的《拍卖车辆信息》和《二手车拍卖成交确认书》。

⑦ 其他需要存档的有关资料，交易档案保留期限不少于 3 年。

5.《二手车鉴定评估技术规范》

中华人民共和国国家质检总局、国家标准委颁布的国家标准 GB/T 30323—2013《二手车鉴定评估技术规范》（自 2014 年 6 月 1 日起施行）有如下规定：

1）按照车身、发动机舱、驾驶舱、起动、路试、底盘等项目鉴定车辆技术状况。

2）根据检查结果确定车辆技术状况的分值，满分 100 分。

3）根据鉴定分值，按照表 1-2 确定车辆对应的技术等级。

表 1-2 车辆技术状况等级分值对应表

技术状况等级	分值区间
一级	鉴定总分≥ 90
二级	60 ≤鉴定总分 <90
三级	20 ≤鉴定总分 <60
四级	鉴定总分 <20
五级	事故车

6. 《乘用车鉴定评估技术规范》

由中国汽车流通协会提出并归口，中国汽车流通协会牵头编制的团体标准 T/CADA 18—2021《乘用车鉴定评估技术规范》（自 2021 年 10 月 1 日起实施），在现有国标 GB/T 30323—2013 的基础上，对重大事故车、泡水车、火烧车以及车损等级给出了更细致的判定方法，为传统燃油乘用车的鉴定评估活动提供了重要技术支撑。

7. 《二手纯电动乘用车鉴定评估技术规范》

由中国汽车流通协会提出并归口，中国汽车流通协会牵头编制的团体标准 T/CADA 17—2021《二手纯电动乘用车鉴定评估技术规范》（自 2021 年 7 月 1 日起实施），是新能源汽车领域第一部鉴定评估标准，主要针对二手纯电动汽车在交易过程中的鉴定评估，混动车型也可参考使用；也可供二手纯电动乘用车流通企业、第三方鉴定评估机构、品牌厂家及广大消费者使用，为新能源汽车的二手车交易提供了重要技术支撑。

8. 《鉴定估价师（机动车鉴定评估师）国家职业技能标准（2021 年版）》

由中华人民共和国人力资源和社会保障部制定的《鉴定估价师（机动车鉴定评估师）国家职业技能标准（2021 年版）》，对鉴定估价师（机动车鉴定评估师）从业人员职业活动内容进行了规范细致描述，对各等级从业者的技能水平和理论知识水平进行了明确规定。依据有关规定将鉴定估价师（机动车鉴定评估师）分为四级 / 中级工、三级 / 高级工、二级 / 技师、一级 / 高级技师四个等级，包括职业概况、基本要求、工作要求和权重表四个方面的内容。

【任务实施】

小王接待了二手车客户张先生，他要了解车主的基本信息、评估目的和车辆的基本信息，并根据客户提供的身份信息、车辆及车辆资料等填写信息记录表，建议按以下步骤来完成任务。

步骤一　接待客户并了解车主基本信息。

根据客户（车主）情况填写。

客户信息	
车主名称（个人 / 机构）：	
有效证件号码（个人 / 机构）：	
联系人：	性别：□先生　□女士
手机号码：	固定电话：
电子邮箱：	传真：
客户为：□首次评估客户　□再次评估客户	

步骤二　了解评估目的。

询问客户（车主）进行填写。

评估目的	
□交易	□典当
□拍卖	□置换
□抵押	□担保
□咨询	□司法裁决
□其他（须注明）：	

步骤三　掌握评估车辆基本情况。

根据车辆情况如实填写。

车辆基本信息	
厂牌：	型号：
颜色：	排量：
出厂日期：　年　月　日	初次登记日期：　年　月　日
VIN：	发动机号：
行驶里程：	
使用性质：□非营运车　□营运车	
排放标准：□国Ⅲ　□国Ⅳ　□国Ⅴ　□国Ⅵ　□其他：	
车　型：□两厢　□三厢　□商务　□越野　□面包车　□其他：	
车牌号码：	
年审期限：　年　月	保险期限：　年　月

【任务评价】

请根据自己在本任务中的实际表现进行自评。

序号	评价标准	评分分值	得分
1	能够做到 7S（整理、整顿、清洁、清扫、素养、安全、节约）	10	
2	能够理解和明确工作任务	10	
3	掌握工作相关知识及要点	20	
4	能够正确填写客户信息	10	
5	能够了解客户鉴定评估目的	10	
6	能够正确填写车辆基本信息	20	
7	能够遵纪守法、按章办事	10	
8	初步具有一丝不苟、精益求精的精神	10	
合计（总分 100 分）			

请指导教师检查、评价任务完成情况。

序号	检查项目	结果是否与实车实际相符	
		相符	不相符
1	客户有效证件号码		
2	联系人手机号码		
3	评估目的		
4	厂牌、型号、颜色、排量		
5	初次登记日期		
6	车辆 VIN		
7	发动机号		
8	行驶里程		
9	使用性质		
10	车牌号码		

（续）

序号	检查项目	结果是否与实车实际相符	
		相符	不相符
11	遵纪守法、按章办事意识	□具备	□不具备
12	争做大国工匠、高技能人才意识	□具备	□不具备
13	一丝不苟、精益求精的工匠精神	□具备	□不具备
对任务完成情况综合评价：□优秀　□良好　□中等　□及格　□不及格			

【拓展帮助】

请查阅《机动车登记规定》《机动车强制报废标准规定》《二手车流通管理办法》《二手车交易规范》《二手车鉴定评估技术规范》，了解学习二手车相关的政策法规和标准。

有关数据：

2024年我国汽车保有量为3.53亿辆，2024年全国新注册登记汽车2690万辆。二手车交易市场活跃，2024年，全国公安交管部门共办理汽车转让登记业务3502万笔，自2020年以来，全国二手汽车交易登记量已连续5年超过汽车新车上牌量。

任务二　二手车证件资料的查验

【任务描述】

小王是某二手车鉴定评估公司的员工，他已经学习了有关二手车的基础知识，能够完成二手车鉴定评估的准备和接待二手车客户工作，现开始学习如何正确地查验二手车证件资料和对车辆进行拍照等工作。

【任务目标】

通过本任务的学习，需要达成以下目标：

1）熟悉车辆的法定证件。

2）掌握车辆税费知识及其核查方法。

3）掌握对车辆拍照的要求和方法。

4）能够完成核查车辆法定证件、税费单据及识伪工作。

5）能够正确对车辆进行拍照。

6）增强法律意识，具有遵纪守法、按章办事意识。

7）培养7S（整理、整顿、清洁、清扫、素质、安全、节约）意识并在工作中执行。

【任务分析】

通过本任务的学习，可以掌握对二手车证件资料进行查验的能力。要达成任务目标，可以按照以下流程进行：

1）学习车辆法定证件、车辆税费、可交易车辆判别和车辆拍照等知识点。

2）查验车辆的法定证件。

3）核查车辆税费。

4）判别可交易车辆。

5）拍摄车辆照片。

完成本任务需要准备的工作场景和设备有：理实一体化教室，汽车整车、拍照设备、客户资料、车辆证件与税费单据、计算机、工作夹、纸、笔、名片和工牌等。

完成本任务所需的知识详见相关知识中的各知识点。

【相关知识】

知识点一　车辆法定证件

在受理鉴定评估后、签订委托书前，必须对车辆资料进行查验，以判断是否为可交易车辆。

法定证件主要有机动车来历证明、机动车登记证书、机动车行驶证、机动车号牌、机动车检验合格标志等。

1. 机动车来历证明

机动车来历证明是二手车来源的合法证明，其来历及来历证明见表 1-3。

表 1-3　机动车来历及其来历证明

序号	车辆来历	来历证明
1	在国内购买的机动车	全国统一的机动车销售统一发票或二手车销售统一发票
2	在国外购买的机动车	该车销售单位开具的销售发票及其翻译文本，但海关监管的机动车不需提供来历证明
3	监察机关依法没收、追缴或者责令退赔的机动车	监察机关出具的法律文书，以及相应的协助执行通知书
4	人民法院调解、裁定或者判决转让的机动车	人民法院出具的已经生效的调解书、裁定书或者判决书，以及相应的协助执行通知书
5	仲裁机构仲裁裁决转让的机动车	仲裁裁决书和人民法院出具的协助执行通知书
6	继承、赠予、中奖、协议离婚和协议抵偿债务的机动车	继承、赠予、中奖、协议离婚、协议抵偿债务的相关文书和公证机关出具的公证书
7	资产重组或者资产整体买卖中包含的机动车	资产主管部门的批准文件
8	机关、企业、事业单位和社会团体统一采购并调拨到下属单位未注册登记的机动车	机动车销售统一发票和该部门出具的调拨证明
9	机关、企业、事业单位和社会团体已注册登记并调拨到下属单位的机动车	该单位出具的调拨证明，被上级单位调回或者调拨到其他下属单位的机动车，其来历证明是上级单位出具的调拨证明
10	经公安机关破案发还的被盗抢骗且已向原机动车所有人理赔完毕的机动车	权益转让证明书

（1）机动车销售统一发票　机动车发票是指销售机动车（不包括二手车）的单位和个人通过增值税发票管理系统开票软件中机动车发票开具模块所开具的增值税专用发票和机动车销售统一发票（包括纸质发票、电子发票）。

开具机动车销售统一发票时，应遵循以下规则：

1）按照“一车一票”原则开具机动车销售统一发票，即一辆机动车只能开具一张机动车销售统一发票，一张机动车销售统一发票只能填写一辆机动车的车辆识别代号 / 车架号。

2）机动车销售统一发票的“纳税人识别号 / 统一社会信用代码 / 身份证明号码”栏，销售方根据消费者实际情况填写。如消费者需要抵扣增值税，则该栏必须填写消费者的统一社会信用代码或纳税人识别号，如消费者为个人则应填写身份证明号码。机动车销售统一发票如图 1-2 所示。

（2）二手车销售统一发票　二手车经销企业、经纪机构和拍卖企业，在销售、中介和拍卖二手车收取款项时，必须开具二手车销售统一发票，如图 1-3 所示。其由以下用票人开具：

1）从事二手车交易的市场，包括二手车经纪机构和消费者个人之间的二手车交易，需要开具发票的，由二手车交易市场统一开具。

2）从事二手车交易活动的经销企业，包括从事二手车交易的汽车生产和销售企业。

3）从事二手车拍卖活动的拍卖公司。

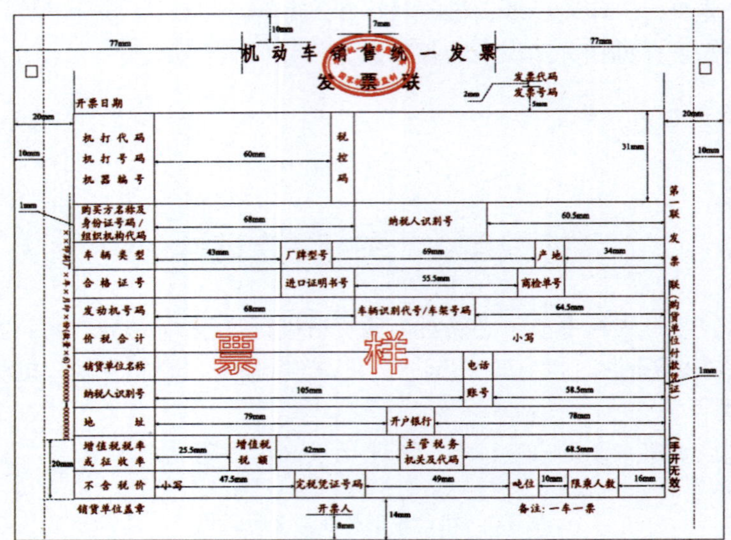

机动车销售统一发票
发票联
发票代码
发票号码
开票日期
机打代码　机打号码　机器编号　税控码
购买方名称及身份证号码/组织机构代码　纳税人识别号
车辆类型　厂牌型号　产地
合格证号　进口证明书号　商检单号
发动机号码　车辆识别代号/车架号码
价税合计　小写
销货单位名称　电话
纳税人识别号　账号
地址　开户银行
增值税税率或征收率　增值税税额　主管税务机关及代码
不含税价　小写　完税凭证号码　吨位　限乘人数
销货单位盖章　开票人　备注：一车一票
第一联 发票联（购货单位付款凭证）（手开无效）
票样

图 1-2　机动车销售统一发票

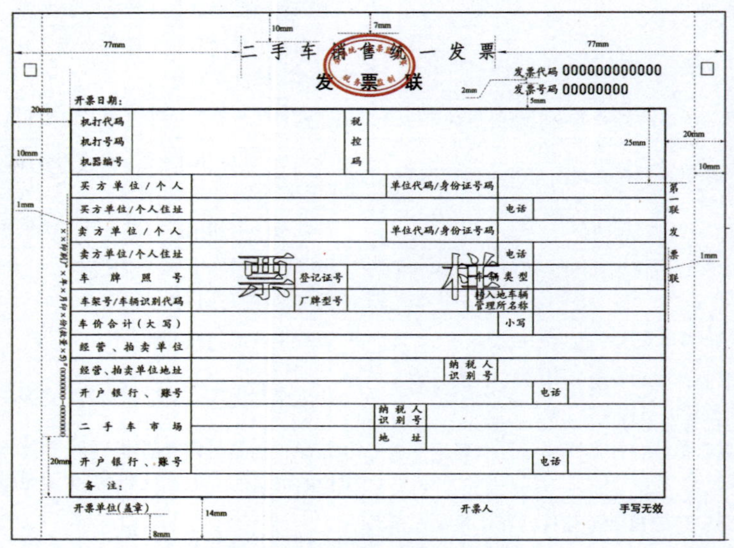

二手车销售统一发票
发票联
发票代码 000000000000
发票号码 00000000
开票日期：
机打代码　机打号码　机器编号　税控码
买方单位/个人　单位代码/身份证号码
买方单位/个人住址　电话
卖方单位/个人　单位代码/身份证号码
卖方单位/个人住址　电话
车牌照号　登记证号　车辆类型
车架号/车辆识别代码　厂牌型号　转入地车辆管理所名称
车价合计（大写）　小写
经营、拍卖单位
经营、拍卖单位地址　纳税人识别号
开户银行、账号　电话
二手车市场　纳税人识别号　地址
开户银行、账号　电话
备注：
开票单位(盖章)　开票人　手写无效
第一联 发票联
票样

图 1-3　二手车销售统一发票

二手车交易市场或二手车拍卖公司在办理过户手续过程中需要收取过户手续费的，以及二手车鉴定评估机构收取评估费的，应另外由其开具地方税务局监制的服务业发票；而二手车销售统一发票价款中不应包括过户手续费和评估费。

2. 机动车登记证书

根据《机动车登记规定》，在我国境内道路上行驶的机动车，应当按照规定经机动车登记机构（公安机关车辆管理部门）办理登记，核发机动车登记证书、机动车行驶证和机动车号牌。

机动车登记证书是机动车的“户口本”，所有车辆的详细信息及机动车所有人的资料都登记在上面，如图 1-4 所示。机动车所有人申请办理机动车的各项登记业务时均应出具该证书，当机动车登记信息发生改变时，机动车所有人应携证及时到车辆管理所办理变更登记；当机动车所有权转移时，原机动车所有人应当将机动车登记证书随车交给现机动车所有人。所以，机动车登记证书是汽车鉴定评估人员必须认证查验的车辆资料之一。

3. 机动车行驶证

机动车行驶证是由公安机关车辆管理部门在对车辆进行依法注册登记时核发的证件，是机动车取得合法行驶权的凭证，是汽车上路必需的证件，也是旧机动车过户、转籍必不可少的证件，如图 1-5 所示。

机动车行驶证的伪造方式多种多样，最常见的伪造方式是伪造机动车行驶证副页上的检验合格章，车辆没有按规定时间到车辆管理机关去办理检验手续，而是私刻公章、私自加盖检验合格章。现在多采用打印“检验有效期至 × 年 × 月”来增强防伪能力。根据国家《机动车强制报废标准规定》，在检验有效期届满后，连续 3 个机动车检验周期内未取得机动车检验合格标志的机动车应当强制报废。

a)

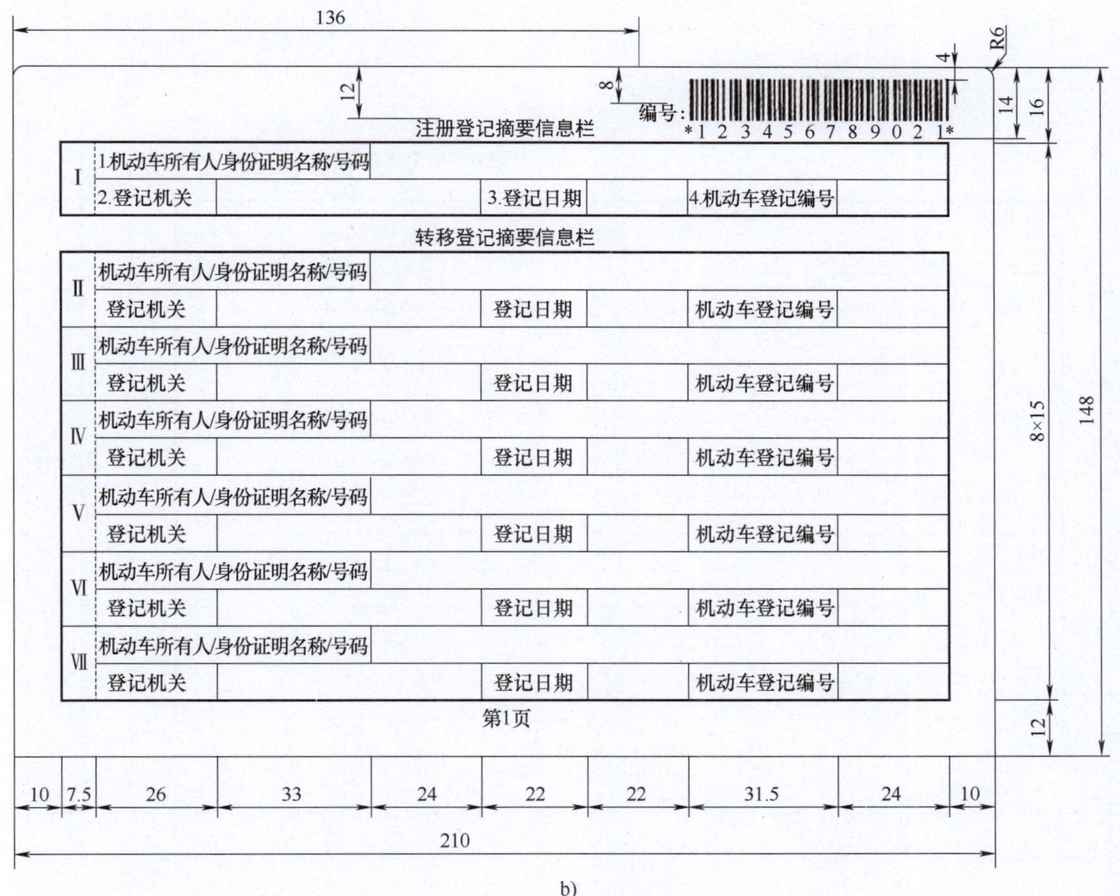

b)

图 1-4　机动车登记证书（单位：毫米）

a）封面格式　b）内页第 1 页格式

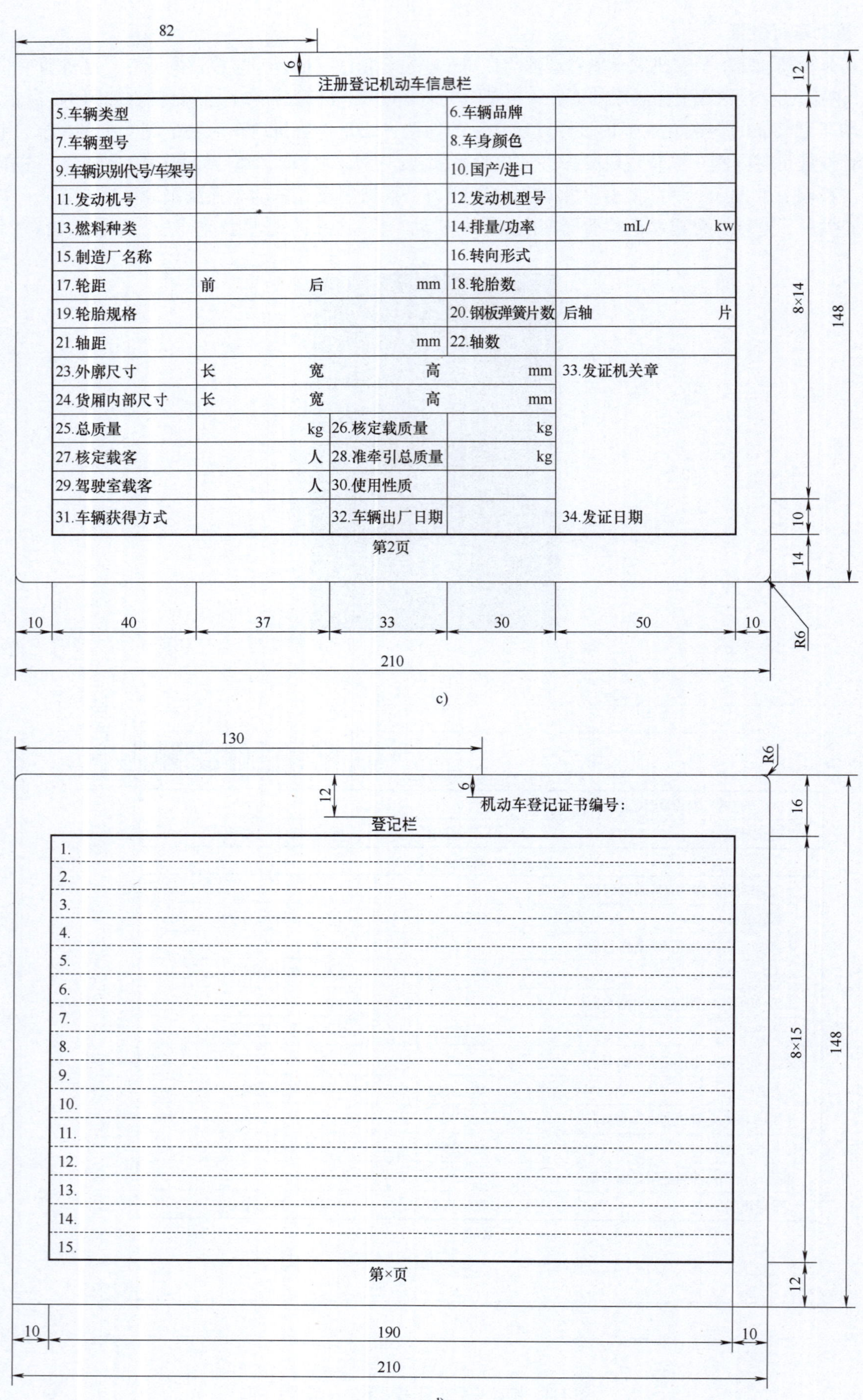

注册登记机动车信息栏

5.车辆类型			6.车辆品牌	
7.车辆型号			8.车身颜色	
9.车辆识别代号/车架号			10.国产/进口	
11.发动机号			12.发动机型号	
13.燃料种类			14.排量/功率	mL/ kw
15.制造厂名称			16.转向形式	
17.轮距	前 后	mm	18.轮胎数	
19.轮胎规格			20.钢板弹簧片数	后轴 片
21.轴距		mm	22.轴数	
23.外廓尺寸	长	宽	高 mm	33.发证机关章
24.货厢内部尺寸	长	宽	高 mm	
25.总质量	kg	26.核定载质量	kg	
27.核定载客	人	28.准牵引总质量	kg	
29.驾驶室载客	人	30.使用性质		
31.车辆获得方式		32.车辆出厂日期		34.发证日期

第2页

c)

机动车登记证书编号：

登记栏

1.
2.
3.
4.
5.
6.
7.
8.
9.
10.
11.
12.
13.
14.
15.

第×页

d)

图 1-4 机动车登记证书（单位：毫米）（续）

c）内页第 2 页格式 d）其余页格式

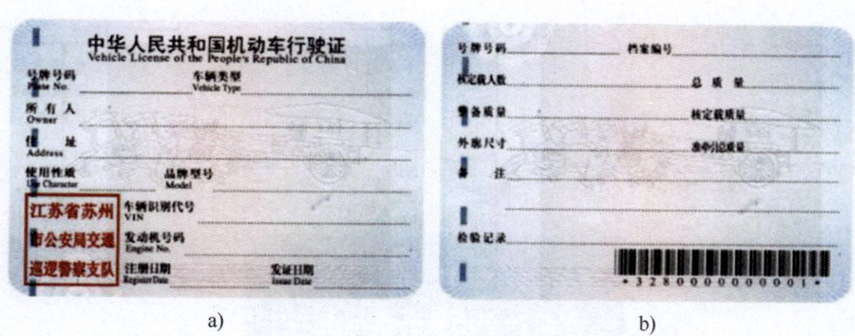

a)　　　　b)

图 1-5　机动车行驶证

a）主页　b）副页

为了有效防止伪造机动车行驶证，行驶证上的塑封套上有紫光灯可识别的不规则的与行驶证卡片上图形相同的暗记，且行驶证上按要求粘贴（塑封）有车辆彩色照片。

对行驶证的识伪一般有以下三种方法：

1）查看车辆彩色照片与实车是否相符。

2）查看识伪标记。

3）查看行驶证纸质、印刷质量、字体、字号，与车辆管理部门核发的其他行驶证进行对比，对有疑问的行驶证，可到发证部门核实。

4. 机动车号牌

汽车号牌由公安机关车辆管理部门依法对汽车进行注册登记核发。它与机动车行驶证一同核发，其号码应与行驶证一致，它是汽车取得合法行驶权的标志，号牌不得转借、涂改和伪造，如图 1-6 所示。

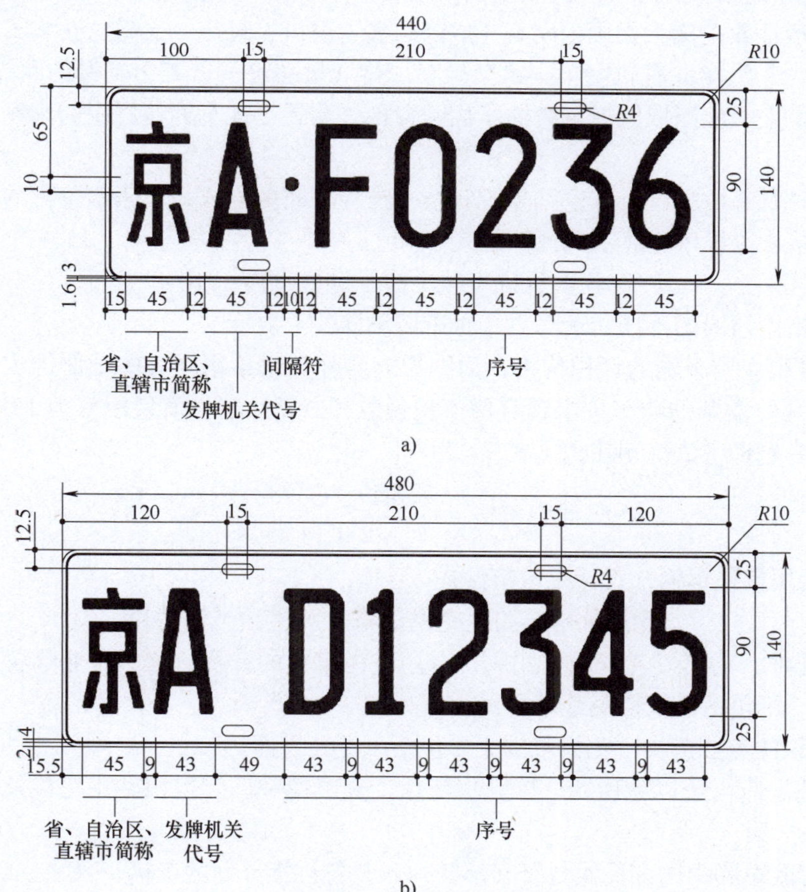

a)

b)

图 1-6　机动车号牌（单位：毫米）

a）大型汽车前号牌、小型汽车号牌、港澳入出境车号牌、教练汽车号牌　b）小型新能源汽车号牌、大型新能源汽车前号牌鉴定评估人员对机动车号牌固封有破坏或改动痕迹的汽车，需要引起重视，查明原因，确认号牌真伪。

5. 机动车检验合格标志

机动车检验合格标志是机动车经安全技术检验合格，准予上道路行驶的法定证件，如图 1-7 所示。

图 1-7 机动车检验合格标志

知识点二 车辆税费

1. 车辆购置税

（1）车辆购置税征收范围 在国内购置（指以购买、进口、自产、受赠、获奖或者其他方式取得并自用应税车辆的行为）汽车、有轨电车、汽车挂车、排气量超过一百五十毫升的摩托车的单位和个人，为车辆购置税的纳税人，应当依照规定缴纳车辆购置税。购置已征车辆购置税的车辆，不再征收车辆购置税。

（2）车辆购置税的征收标准 车辆购置税实行一次性征收的方式，车辆购置税的税率为 10%，按照应税车辆的计税价格乘以税率计算。其计算见式（1-1）：

$$\text{车辆购置税应纳税额} = \text{计税价格} \times 10\% \tag{1-1}$$

其中，计税价格因情况的不同，计算方式也有所不同：

1）购买国产自用应税车辆的计税价格，为纳税人实际支付给销售者的全部价款，不包括增值税税款。因机动车销售统一发票的购车价中含有增值税税款（如燃油车增值税税率为 13%），因此在计征车辆购置税税额时，要先将增值税剔除，见式（1-2）：

$$\text{计税价格} = \frac{\text{发票价（价税合计）}}{1.13} \tag{1-2}$$

2）购买进口自用应税车辆，其计税价格见式（1-3）：

$$\text{计税价格} = \text{关税完税价格} + \text{关税和} + \text{消费税} \tag{1-3}$$

3）纳税人以受赠、获奖或者其他方式取得自用应税车辆的计税价格，按照购置应税车辆时相关凭证载明的价格确定，不包括增值税税款。

（3）车辆购置税的免征范围 免征范围主要包括以下几方面。

1）依照法律规定应当予以免税的外国驻华使馆、领事馆和国际组织驻华机构及其有关人员自用的车辆。

2）中国人民解放军和中国人民武装警察部队列入装备订货计划的车辆。

3）悬挂应急救援专用号牌的国家综合性消防救援车辆。

4）设有固定装置的非运输专用作业车辆。

5）城市公交企业购置的公共汽电车辆。

2. 车船税

在国内的车辆、船舶（简称车船）的所有人或管理人为车船税的纳税人，应当依法缴纳车船税。

车船税纳税义务发生时间为取得车船所有权或者管理权的当月。从事机动车交通事故责任强制保险业务的保险机构为机动车车船税的扣缴义务人，应当在收取保险费时依法代收车船税，并出具代收税款凭证。

车辆所有人或者管理人在申请办理车辆相关登记、定期检验手续时，应当向公安机关交通管理部门提交依法纳税或者免税证明。公安机关交通管理部门核查后办理相关手续。乘用车车船税税目税额表见表 1-4。

表 1-4　乘用车车船税税目税额表

序号	排量	年基准税额	备注
1	1.0 升（含）以下的	60 元至 360 元	核定载客人数 9 人（含）以下
2	1.0 升以上至 1.6 升（含）的	300 元至 540 元	
3	1.6 升以上至 2.0 升（含）的	360 元至 660 元	
4	2.0 升以上至 2.5 升（含）的	660 元至 1200 元	
5	2.5 升以上至 3.0 升（含）的	1200 元至 2400 元	
6	3.0 升以上至 4.0 升（含）的	2400 元至 3600 元	
7	4.0 升以上的	3600 元至 5400 元	

下列车船免征车船税：

1）捕捞、养殖渔船。

2）军队、武装警察部队专用的车船。

3）警用车船。

4）悬挂应急救援专用号牌的国家综合性消防救援车辆和国家综合性消防救援专用船舶。

5）依照法律规定应当予以免税的外国驻华领事馆、国际组织驻华代表机构及其有关人员的车船。

3. 车辆保险费用

按照实施方式，汽车保险可分为机动车交通事故责任强制保险和商业保险。

（1）机动车交通事故责任强制保险　在道路上行驶的机动车的所有人或者管理人，应当依照《中华人民共和国道路交通安全法》的规定投保机动车交通事故责任强制保险。机动车交通事故责任强制保险（简称“交强险”），是指由保险公司对被保险机动车发生道路交通事故造成本车人员、被保险人以外的受害人的人身伤亡、财产损失，在责任限额内予以赔偿的强制性责任保险。

投保人投保时，应当向保险公司如实告知重要事项，其主要包括机动车的种类、厂牌型号、识别代码、牌照号码、使用性质和机动车所有人或者管理人的姓名（名称）、性别、年龄、住所、身份证或者驾驶证号码（组织机构代码）、续保前该机动车发生事故的情况以及保险监督管理机构规定的其他事项。

签订机动车交通事故责任强制保险合同时，投保人应当一次支付全部保险费；保险公司应当向投保人签发保险单、保险标志。保险单、保险标志应当注明保险单号码、车牌号码、保险期限、保险公司的名称、地址和理赔电话号码。

被保险人应当在被保险机动车上放置强制保险标志（或存留电子版）。保险标志式样全国统一，如图 1-8 所示。强制保险标志由中国银行保险监督管理委员会监制，任何单位或者个人不得伪造、变造或者使用

图 1-8　机动车强制保险标志

伪造、变造的保险标志。

被保险机动车所有权转移的，应当办理机动车交通事故责任强制保险合同变更手续。

除保险公司外，任何单位或者个人不得从事机动车交通事故责任强制保险业务。机动车交通事故责任强制保险实行统一的保险条款和基础保险费率。国务院保险监督管理机构按照机动车交通事故责任强制保险业务总体上不盈利不亏损的原则审批保险费率。

公安机关交通管理部门及其交通警察在调查处理道路交通安全违法行为和道路交通事故时，应当依法检查机动车交通事故责任强制保险的保险标志。

（2）商业保险　商业保险包括基本险种和附加险：

1）基本险种：包括机动车损失保险和机动车第三者责任保险。机动车损失保险负责由于自然灾害或意外事故造成的保险车辆自身损失的赔偿；机动车第三者责任保险负责保险车辆在使用中发生意外事故造成他人（即第三者）的人身伤亡或财产直接损毁的赔偿。

2）附加险：包括机动车车上人员责任保险等，负责保险机动车发生意外事故时造成车上人员人身伤亡的赔偿。

知识点三　可交易车辆判别

查验机动车登记证书、机动车行驶证、机动车检验合格标志、车辆购置税完税证明、车船使用税缴付凭证、车辆保险单等法定证明、凭证是否齐全，并按照表 1-5 检查所列项目是否全部判定为“Y”。

表 1-5　可交易车辆判别表

序号	检查项目	判别
1	是否达到国家强制报废标准	Y 否　N 是
2	是否为抵押期间或海关监管期间的车辆	Y 否　N 是
3	是否为人民法院、检察院、行政执法等部门依法查封、扣押期间的车辆	Y 否　N 是
4	是否为通过盗窃、抢劫、诈骗等违法犯罪手段获得的车辆	Y 否　N 是
5	发动机号与机动车登记证书登记号码是否一致，且无篡改痕迹	Y 是　N 否
6	车辆识别代号（VIN）或车架号码与机动车登记证书登记号码是否一致，且无篡改痕迹	Y 是　N 否
7	是否为走私、非法拼组装车辆	Y 否　N 是
8	是否为法律法规禁止经营的车辆	Y 否　N 是

如发现上述法定证明、凭证不全或表 1-5 检查项目任何一项判别为“N”的车辆，应告知委托方，不再继续进行技术鉴定和价值评估（司法机关委托等特殊要求的除外）。

如发现法定证明、凭证不全，或者表1-5中第1项、第4项至第8项中任意一项判断为“N”的车辆，则应及时报告公安机关等执法部门。

知识点四　车辆拍照

1. 拍照时对车辆的一般要求

1）车身要擦洗干净。

2）前风窗玻璃及仪表板上无杂物。

3）机动车号牌无遮挡。

4）各车门处于关闭状态。

5）转向盘回正，前轮处于直线行驶状态。

2. 拍摄距离

拍摄距离是指拍摄立足点与被拍车辆的距离。拍摄距离远，则拍摄范围大，所拍的车辆影像小，一般要求全车影像尽量充满整个像面。

3. 拍摄角度和光照方向

（1）拍摄角度　是指拍摄立足点与被拍车辆的方位关系。根据拍摄角度，方位一般分为上下关系（俯拍、平拍与仰拍）与左右关系（正面拍摄和侧面拍摄）。

（2）光照方向　是指光线与照相机拍摄方向的关系，一般分为正面光、侧面光和逆光三种。对于车辆拍照应尽量采用正面光拍摄，使车辆的轮廓分明、牌照号码清晰和车身颜色真实。

4. 车辆照片的拍摄

对车辆拍照一般要拍摄车辆前面、侧面和后面三个方向的整体外形照及发动机舱、驾驶舱、行李舱等局部位置的照片。

（1）前面照　也称为标准照，是在与车辆左前侧成 45° 方向拍摄的照片，如图 1-9a 所示。

（2）侧面照　是对车辆正侧面拍摄的照片，如图 1-9b 所示。

（3）后面照　是在与车辆右后侧成 45° 方向拍摄的照片，如图 1-9c 所示。

（4）局部照　是对车辆局部位置（发动机舱、仪表板、前后排座椅等）进行俯拍的照片，如图 1-10 所示。

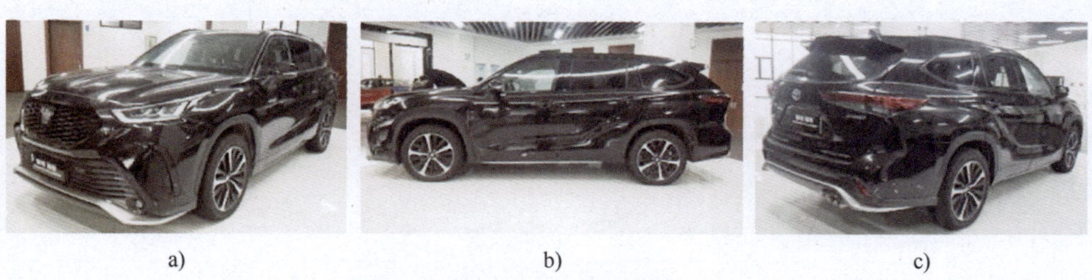

a)　　b)　　c)

图 1-9　对车辆拍照

a）前面照　b）侧面照　c）后面照

图 1-10　对车辆局部进行拍照

【任务实施】

小王对二手车客户张先生所提交的车辆法定证件和税费发票等进行了核查，并判别是否为可交易车辆，如是，则对车辆进行拍照，建议按以下步骤来完成任务。

步骤一　核查法定证件及识伪。

核查法定证件及识伪
机动车来历证明：
☐ 机动车登记证书
☐ 机动车行驶证
☐ 机动车号牌

（续）

核查法定证件及识伪
□ 机动车检验合格标志
□ 其他（须注明）：

步骤二　核查税费单据。

核查税费单据
□ 车辆购置税
□ 车船税
□ 机动车交通事故责任强制保险
□ 商业保险
□ 其他（须注明）：

步骤三　判别可交易车辆。

序号	检查项目	判别
1	是否达到国家强制报废标准	□ Y 否　□ N 是
2	是否为抵押期间或海关监管期间的车辆	□ Y 否　□ N 是
3	是否为人民法院、检察院、行政执法等部门依法查封、扣押期间的车辆	□ Y 否　□ N 是
4	是否为通过盗窃、抢劫、诈骗等违法犯罪手段获得的车辆	□ Y 否　□ N 是
5	发动机号与机动车登记证书登记号码是否一致，且无篡改痕迹	□ Y 是　□ N 否
6	车辆识别代号（VIN）或车架号码与机动车登记证书登记号码是否一致，且无篡改痕迹	□ Y 是　□ N 否
7	是否为走私、非法拼组装车辆	□ Y 否　□ N 是
8	是否为法律法规禁止经营的车辆	□ Y 否　□ N 是

步骤四　拍摄车辆照片。

分别拍摄车辆的前面照、侧面照、后面照和局部照。

【任务评价】

请根据自己在本任务中的实际表现进行自评。

序号	评价标准	评分分值	得分
1	能够做到 7S（整理、整顿、清洁、清扫、素养、安全、节约）	10	
2	能够理解和明确工作任务	10	
3	掌握工作相关知识及要点	20	
4	能够正确核查证件和税费等单据	10	
5	能够正确判别是否为可交易车辆	20	
6	能够正确给车辆拍照	10	
7	具有实事求是精神，能够遵纪守法、按章办事	10	
8	初步具有一丝不苟、精益求精的精神	10	
合计（总分 100 分）			

请指导教师检查、评价任务完成情况。

序号	检查项目	结果是否与实际相符	
		相符	不相符
1	机动车来历证明		
2	机动车登记证书		
3	机动车行驶证		
4	机动车号牌		
5	机动车检验合格标志		
6	车辆购置税		
7	车船税		
8	机动车交通事故责任强制保险		
9	商业保险		
10	可交易车辆判别		
11	照片拍摄		
12	实事求是精神，遵纪守法、按章办事意识	□具备	□不具备
13	争做大国工匠、高技能人才意识，一丝不苟、精益求精的工匠精神	□具备	□不具备
对任务完成情况综合评价：□优秀　□良好　□中等　□及格　□不及格			

【拓展帮助】

请利用互联网查阅相关文件，了解学习《机动车发票使用办法》和《机动车登记规定》。

任务三　二手车鉴定评估委托书的签订

【任务描述】

小王是某二手车鉴定评估公司的员工，他在学习并掌握了如何查验二手车证件资料和对车辆进行拍照等工作后，现在依据相关规定，开始与二手车客户签订二手车鉴定评估委托书。

【任务目标】

通过本任务的学习，需要达成以下目标：

1）熟知二手车鉴定评估委托书的内容和样式。

2）掌握拟定鉴定评估委托书的方法。

3）能够完成二手车鉴定评估委托书的拟定及与客户的签订工作。

4）具备一丝不苟、精益求精的工匠精神。

5）培养7S（整理、整顿、清洁、清扫、素养、安全、节约）意识并在工作中执行。

【任务分析】

通过本任务的学习，能够完成二手车鉴定评估委托书的拟定及与客户的签订工作。要达成任务目标，可以按照以下流程进行：

1）学习二手车鉴定评估委托书内容和二手车鉴定评估委托书样式等知识点。

2）根据车辆等信息填写二手车鉴定评估委托书。

3）与客户签订二手车鉴定评估委托书。

完成本任务需要准备的工作场景和设备有：理实一体化教室，汽车整车、客户资料、车辆证件与税费单据、计算机、工作夹、纸、笔、名片和工牌等。

完成本任务所需的知识详见相关知识中的各知识点。

【相关知识】

知识点一　二手车鉴定评估委托书内容

二手车鉴定评估委托书，是指二手车鉴定评估机构与法人、其他组织或自然人相互之间为实现二手车鉴定评估的目的，明确受托方与委托方的权利和义务所订立的协议，是一项经济合同性质的合同。

二手车鉴定评估委托书的主要内容如下：

1）委托方和二手车鉴定评估机构的名称、地址、法人代码证、联系人和联系电话等。

2）鉴定评估目的、号牌号码、车辆类型和车辆识别代号。

3）鉴定评估报告的完成时间。

4）委托评估车辆基本信息：厂牌型号、使用用途、燃料种类、注册登记日期、车身颜色、已使用年限、累计行驶里程、维修情况、事故情况、购置日期和原始价格等。

5）委托方和受托方各自的权利、义务及违约责任等其他内容。

知识点二　二手车鉴定评估委托书样式

依据GB/T 30323—2013《二手车鉴定评估技术规范》，其所规定的二手车鉴定评估委托书（示范文本）见表1-6。

表1-6　二手车鉴定评估委托书（示范文本）

二手车鉴定评估委托书

委托书编号：__________

委托方	鉴定评估机构
委托方名称（姓名）：	鉴定评估机构名称：
法人代码证（身份证）：	法人代码证：
委托方地址：	鉴定评估机构地址：
联系人：	联系人：
电话：	电话：

因□交易 □典当 □拍卖 □置换 □抵押 □担保 □咨询 □司法裁决 □其他（须注明）需要，委托人与受托人达成委托关系，对号牌号码为__________，车辆类型__________，车辆识别代号（VIN）/车架号为__________的车辆进行技术状况鉴定并出具评估报告书，于____年____月____日前完成。

（续）

<table>
<tr><th colspan="6">委托评估车辆基本信息</th></tr>
<tr><td rowspan="8">车辆情况</td><td>厂牌型号</td><td colspan="2"></td><td>使用用途</td><td>☐营运
☐非营运</td></tr>
<tr><td>总质量 / 座位 / 排量</td><td colspan="2"></td><td>燃料种类</td><td></td></tr>
<tr><td>注册登记日期</td><td colspan="2">年　月　日</td><td>车身颜色</td><td></td></tr>
<tr><td>已使用年限</td><td>年　个月</td><td>累计行驶里程 / 万 km</td><td colspan="2"></td></tr>
<tr><td>大修次数</td><td>发动机 / 次</td><td></td><td>整车 / 次</td><td></td></tr>
<tr><td>维修情况</td><td colspan="4"></td></tr>
<tr><td>事故情况</td><td colspan="4"></td></tr>
<tr><td>价值反映</td><td>购置日期</td><td colspan="2">年　月　日</td><td>原始价格 / 元</td><td></td></tr>
<tr><td colspan="6">备注：</td></tr>
</table>

委托方：（签字、盖章）　　　　　　　　受托方：（签字、盖章）

年　月　日　　　　　　　　　　　　　年　月　日

1. 委托方保证所提供的资料客观真实，并负法律责任。
2. 仅对车辆进行鉴定评估。
3. 评估依据：《机动车运行安全技术条件》（GB 7258—2017）、《二手车鉴定评估技术规范》（GB/T 30323—2013）等。
4. 评估结论仅对本次委托有效，不可用作其他用途。
5. 鉴定评估人员与有关当事人没有利害关系。
6. 委托方如对评估结论有异议，可于收到《二手车鉴定评估报告》之日起 10 日内向受托方提出，受托方应给予解释。

【任务实施】

小王对客户张先生所提交的车辆法定证件和税费发票等进行了核查，判别其为可交易车辆后，现将与客户签订二手车鉴定评估委托书。建议按以下步骤来完成任务。

步骤一　填写二手车鉴定评估委托书。

二手车鉴定评估委托书

委托书编号：

委托方名称（姓名）：　　　　　　　　鉴定评估机构名称：

法人代码证（身份证）：　　　　　　　法人代码证：

委托方地址：　　　　　　　　　　　　鉴定评估机构地址：

联系人：　　　　　　　　　　　　　　联系人：

电话：　　　　　　　　　　　　　　　电话：

因☐交易　☐典当　☐拍卖　☐置换　☐抵押　☐担保　☐咨询　☐司法裁决　☐其他（须明注）需要，委托人与受托人达成委托关系，对号牌号码为________，车辆类型为________，车辆识别代号（VIN）/ 车架号为________的车辆进行技术状况鉴定并出具评估报告书，于____年____月____日前完成。

委托评估车辆基本信息

<table>
<tr><td rowspan="7">车
辆
情
况</td><td>厂牌型号</td><td colspan="2"></td><td>使用用途</td><td>营运　☐
非营运　☐</td></tr>
<tr><td>总质量 / 座位 / 排量</td><td colspan="2"></td><td>燃料种类</td><td></td></tr>
<tr><td>注册登记日期</td><td colspan="2">年　月　日</td><td>车身颜色</td><td></td></tr>
<tr><td>已使用年限</td><td colspan="2">年　个月</td><td>累计行驶里程 / 万 km</td><td></td></tr>
<tr><td>大修次数</td><td>发动机 / 次</td><td></td><td>整车 / 次</td><td></td></tr>
<tr><td>维修情况</td><td colspan="4"></td></tr>
<tr><td>事故情况</td><td colspan="4"></td></tr>
<tr><td>价值反映</td><td>购置日期</td><td colspan="2">年　月　日</td><td>原始价格 / 元</td><td></td></tr>
<tr><td colspan="6">备注：</td></tr>
</table>

委托方（签字、盖章）：　　　　　　　　受托方（签字、盖章）：

年　月　日　　　　　　　　　　　　　　年　月　日

步骤二　签订二手车鉴定评估委托书。

在签订二手车鉴定评估委托书时，双方须仔细核对委托书的内容。确认无误后双方签字、盖章，并填写签署时间后生效。

【任务评价】

请根据自己在本任务中的实际表现进行自评。

序号	评价标准	评分分值	得分
1	能够做到 7S（整理、整顿、清洁、清扫、素养、安全、节约）	10	
2	能够理解和明确工作任务	10	
3	掌握工作相关知识及要点	20	
4	能够正确填写委托方和受托方的基本信息	10	
5	能够正确填写车辆号牌号码、车辆识别代号（VIN）/ 车架号	20	
6	能够正确填写委托评估车辆基本信息	10	
7	具有实事求是精神、诚实守信精神，能够遵纪守法、按章办事	10	
8	初步具有一丝不苟、精益求精的精神	10	
合计（总分 100 分）			

请指导教师检查、评价任务完成情况。

序号	检查项目	结果是否与实际相符	
		相符	不相符
1	委托方基本信息		
2	受托方基本信息		
3	评估目的		
4	机动车号牌号码		
5	车辆类型		
6	车辆识别代号（VIN）/ 车架号		
7	评估完成日期		
8	实事求是精神、诚实守信精神，遵纪守法、按章办事意识	□具备	□不具备
9	争做大国工匠、高技能人才意识	□具备	□不具备
10	一丝不苟、精益求精的工匠精神	□具备	□不具备
对任务完成情况综合评价：□优秀　□良好　□中等　□及格　□不及格			

【拓展帮助】

1）《中华人民共和国民法典》（2020 年 5 月 28 日第十三届全国人民代表大会第三次会议通过）关于“技术服务合同”的相关内容：技术服务合同是当事人一方以技术知识为对方解决特定技术问题所订立的合同，不包括承揽合同和建设工程合同；技术服务合同的委托人应当按照约定提供工作条件，完成配合事项，接受工作成果并支付报酬；技术服务合同的受托人应当按照约定完成服务项目，解决技术问题，保证工作质量，并传授解决技术问题的知识；技术服务合同的委托人不履行合同义务或者履行合同义务不符合约定，影响工作进度和质量，不接受或者逾期接受工作成果的，支付的报酬不得追回，未支付的报酬应当支付。技术服务合同的受托人未按照约定完成服务工作的，应当承担免收报酬等违约责任。

2）《中华人民共和国民法典》关于“委托合同”的规定：委托合同是委托人和受托人约定，由受托人处理委托人事务的合同；委托人可以特别委托受托人处理一项或者数项事务，也可以概括委托受托人处理一切事务；受托人应当按照委托人的指示处理委托事务；受托人应当按照委托人的要求，报告委托事务的处理情况；委托合同终止时，受托人应当报告委托事务的结果。

【思考提升】

1. 判断题

1）公平性原则是二手车鉴定评估工作人员应遵守的最基本的道德规范，鉴定评估人员应当公正无私，评估结果则应公正、合理，绝不能偏向任何一方。（　）

2）旧机动车就是二手车。（　）

3）二手车评估应严格遵循客观性、独立性、公平性、科学性原则。（　）

4）一辆机动车只能开具一张机动车销售统一发票，一张机动车销售统一发票只能填写一辆机动车的车辆识别代号 / 车架号。（　）

5）二手车发票价款中包括过户手续费和评估费。（　）

6）车辆购置税实行一次性征收方式，税率为 13%。（　）

7）二手车鉴定评估委托书只要填写签订日期，无须双方签字或盖章即可生效。（　）

8）二手车鉴定评估的依据主要是《机动车运行安全技术条件》（GB 7258—2017)、《二手车鉴定评估技术规范》（GB/T 30323—2013）等。（　）

9）在二手车鉴定评估中，当发现伪造证明或车牌，或擅自更改发动机号、车架号的情况时，则应当及时向执法部门举报，配合调查。（　）

10）二手车鉴定评估的主体是指待评估的车辆，是鉴定评估的具体对象。（　）

2. 单选题

1）通常情况下，关于车辆行驶里程和价格的关系，说法正确的是（　）。

A. 行驶里程和价格没有任何关系　　B. 行驶里程短的二手车，价格较低

C. 行驶里程长的二手车，价格较高　　D. 行驶里程长的二手车，价格较低

2）车船税按（　）缴纳，跟（　）一起缴纳。

A. 年，车辆购置税　　B. 月，车辆购置税

C. 年，交强险　　D. 月，交强险

3）小型出租车的使用年限是（　）年。

A. 8　　B. 10　　C. 12　　D. 15

4）关于非营运小型客车的使用年限，正确的是（　）。

A. 无年限要求　　B. 8 年　　C. 12 年　　D.15 年

5）国家标准 GB/T 30323—2013《二手车鉴定评估技术规范》自（　）起施行。

A. 2013 年 6 月 1 日　　B. 2013 年 12 月 31 日

C. 2014 年 6 月 1 日　　D. 2014 年 12 月 31 日

项目二

二手车静态技术鉴定

【项目描述】

在接受客户委托、明确客户需求后，即对车辆开展鉴定评估工作，鉴定包括静态技术鉴定和动态技术鉴定等。静态技术鉴定即二手车在静态下，鉴定人员凭借技能和经验，辅以必要的工量具和仪器设备进行检查测量，对车辆技术状况进行鉴定并给出鉴定评估过程描述和评估结论的过程。静态技术鉴定工作不但能为动态技术鉴定奠定良好的基础，也能为后续二手车的价值评估提供重要依据。

在对二手车进行检查之初首先要判别车辆是否为事故车、泡水车和火烧车，这三种情况都对整车产生了较大的损伤，经过维修也很难恢复整车的技术状况，在鉴定评估时要特别注意。

为了更好地完成相应教学任务、达成教学效果，本项目选取了判别事故车、判别泡水车、判别火烧车、车辆外观的检查、发动机舱和行李舱的检查、驾驶舱和内饰的检查、底盘的检查、调表车的判别八个典型工作任务。

思维导图

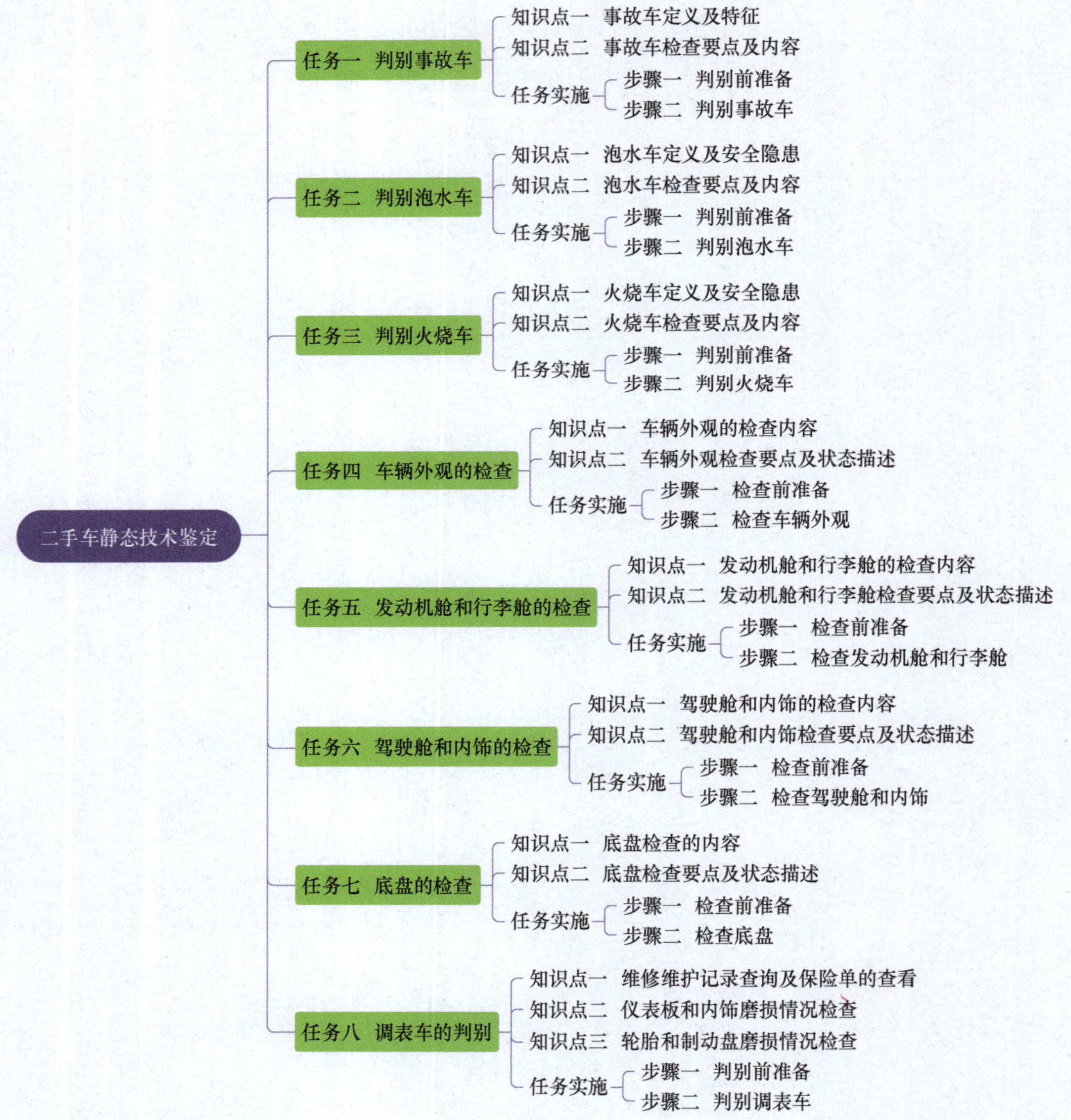

任务一 判别事故车

【任务描述】

小王是某二手车鉴定评估公司的新员工，他在学习并掌握了接待客户、收集客户及车辆基本信息的方法后，现开始学习对二手车进行鉴定评估的方法，他首先开始学习判别车辆是否为事故车。

【任务目标】

通过本任务的学习，需要达成以下目标：

1）了解事故车的定义及特征。

2）掌握事故车的检查要点及检查内容。

3）能够独立开展工作，判别车辆是否为事故车。

4）具备一丝不苟、精益求精的工匠精神。

5）培养 7S（整理、整顿、清洁、清扫、素养、安全、节约）意识并在工作中执行。

【任务分析】

通过本任务的学习，可以初步掌握事故车的检查要点及检查内容、判别车辆是否为事故车。要达成任务目标，可以按照以下流程进行：

1）学习事故车定义及特征和事故车检查要点及内容等知识点。

2）进行事故车判别前的准备工作。

3）判别车辆是否为事故车。

完成本任务需要准备的工作场景和设备有：理实一体化教室，汽车整车、漆膜仪、卷尺、手电筒、拍照设备、工作夹、纸、笔等。

完成本任务所需的知识详见相关知识中的各知识点。

【相关知识】

知识点一 事故车定义及特征

1. 事故车定义

事故车是指由非自然损耗的事故造成车辆损伤，导致机械性能、经济价值下降的车辆。在二手车市场上，事故车辆并非指出过事故的车辆，而是指存在结构性损伤的车辆，可能是事故造成的，也可能是汽车使用超负荷造成的，泡水车和火烧车属于“特殊事故车”。

存在结构性损伤的车辆是指当车辆发生碰撞或者损坏之后，伤及车梁、车架等部位，需要经过整形、切割、焊接等才能进行修复的车。图 2-1 所示为事故车辆。

图 2-1 事故车辆

2. 事故车特征

车辆经过严重撞击，伤及大梁和车架等部位后，虽经过维修但后期仍很难恢复到原出厂状态，对车辆结构的整体刚性影响极大，并且在高速或重载行驶时可能会出现跑偏、抖动等现象，稳定性较差。事故车主要特征如下：

1）经过撞击，损伤到发动机舱和驾驶舱。

2）纵梁有变形、整形、焊接、切割情况。

3）减振器座有变形、整形、焊接、切割情况。

4）A 柱、B 柱、C 柱有变形、整形、焊接、切割情况。

5）因撞击造成汽车安全气囊弹出。

6）车身不可拆卸部分有严重的变形、整形、焊接、切割情况。

轿车大部分都是采用承载式车身结构，汽车的整个车身是一体的，没有贯穿整体的大梁，发动机、传动系统、前后悬架等部件都装配到车身上，车身负载通过悬架装置传给车轮。轿车车身结构主要由前、中、后三部分组成，前部由横梁、纵梁、减振器座组成，中部由 A 柱、B 柱、C 柱、底板、车顶组成，后部由后纵梁、后围、行李舱底板组成，如图 2-2 所示。车身构件中主要受力部件是前后纵梁、A 柱、B 柱、C 柱，这些构件的强度也是最高的，不容易变形。如果这些构件产生变形，往往是受到了较大的撞击。

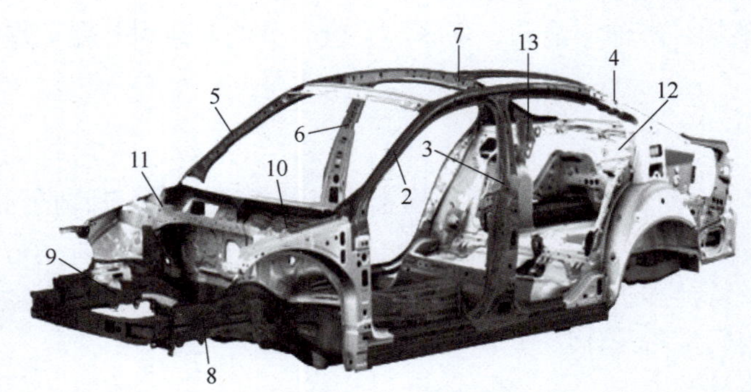

图 2-2 轿车车身结构示意图

2—左 A 柱 3—左 B 柱 4—左 C 柱 5—右 A 柱 6—右 B 柱 7—右 C 柱 8—左前纵梁 9—右前纵梁
10—左前减振器悬挂部位 11—右前减振器悬挂部位 12—左后减振器悬挂部位 13—右后减振器悬挂部位

知识点二 事故车检查要点及内容

1. 事故车检查要点

车辆的事故情况对车况的整体评定非常重要，二手车的检查评估操作中最关注的就是对车辆事故情况的判断。事故车等级是通过车身撞击受损程度来判断的。事故车经修复后仍然会留下痕迹，寻找事故痕迹或经过修复后车辆的特征是事故车鉴别的核心。通过使用全自动车身电子检测仪或漆膜厚度检测仪可以准确判断是否为事故车。如果没有上述仪器设备，也可以运用实际经验从以下两方面来判断。

1）事故车修复后一般在整体外观上没有明显缺陷，但是会在很多细节部分留下痕迹，所以要从外观的细节上去发现。

2）事故车的骨架已经受损而且无法完全修复，所以从发动机舱、行李舱以及地板处观察车辆骨架是检查的重点。

按照《二手车鉴定评估技术规范》对事故车判别的定义，对车上的 12 个部位（见图 2-2）按照表 2-1 检查受损情况是判断事故车的主要依据。在检查过程中，事故车主要有变形、扭曲、更换、烧焊、褶皱五种主要缺陷，在实际业务操作中，检查遵循由外到内、由表及里的原则，通过车身各个部分的异常情况发现骨架部分的损伤。

表 2-1　车体检查项目或车体部位代码对应表

代码	检查项目或车体部位	代码	检查项目或车体部位
1	车体左右对称性	8	左前纵梁
2	左 A 柱	9	右前纵梁
3	左 B 柱	10	左前减振器悬挂部位
4	左 C 柱	11	右前减振器悬挂部位
5	右 A 柱	12	左后减振器悬挂部位
6	右 B 柱	13	右后减振器悬挂部位
7	右 C 柱		

2. 事故车检查内容

（1）检查车体左右对称性（图 2-3）

检查部位：车体覆盖件。

检查流程：由远（距车前 2m、与车头正直方向成 45° 角）及近（距车前 0.5~1m、与车头正直方向成 45° 角）观察。

基本动作：先站后蹲（半蹲时，视线与车身腰线平齐），从上到下。

检查方法：通过卷尺测量左、右后视镜下缘对称部位到地面的距离（测量时，轮胎胎压应处于标准值），并记录。车体应周正，车体外缘左右对称部位高度差应小于等于 40mm。

检查要点：观察车身线条（腰线）是否顺畅；观察各部件接缝处是否均匀；查看前后车门、翼子板是否变形，是否有明显修复痕迹，有无色差；观察轮胎位置与倾斜角度；观察左、右部件是否对称。

图 2-3　车体左右对称性检查

（2）检查车辆 A、B、C 柱（图 2-4）

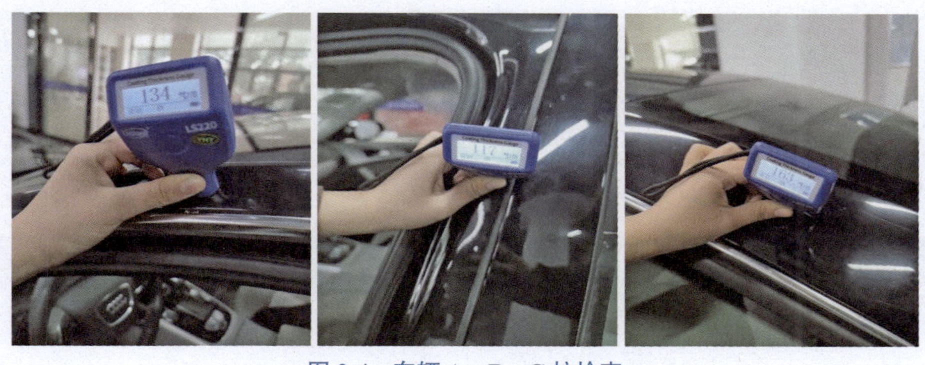

图 2-4　车辆 A、B、C 柱检查

检查部位：左右 A、B、C 柱。

检查流程：开启车门，近看 A、B、C 柱，车顶与底边梁形成的框架范围。

基本动作：由A、B、C柱与车顶支柱交界处起顺时针方向查看一周。

检查方法：目测，漆膜仪测量并记录，在检查到具体部件时再仔细鉴定。

检查要点：检查底边梁，A、B、C柱有无变形、切割、钣金修复及喷涂状况；车门铰链螺栓有无拧动痕迹；封胶、胶条、焊点的状况。

（3）检查车头骨架（图2-5）

检查部位：前纵梁、前减振器悬挂部位。

检查流程：开启发动机舱，近看发动机舱内部情况。

基本动作：从发动机舱盖右侧铰链开始逆时针方向查看发动机舱。

检查方法：目测，漆膜仪测量并记录，在检查到具体部件时再仔细鉴定。

检查要点：检查纵梁有无变形、切割、吸能块变形情况；减振器悬挂螺栓有无拧动痕迹；封胶、焊点的状况。

图2-5　车头骨架检查（前纵梁、前减振器悬挂部位）

（4）检查车尾骨架（图2-6）

检查部位：后减振器悬挂部位。

检查流程：开启行李舱盖，查看后减振器悬挂情况。

基本动作：打开行李舱盖，掀开饰板查看后减振器情况。

检查方法：目测并记录，在检查到具体部件时再仔细鉴定。

检查要点：检查后减振器悬挂螺栓有无拧动痕迹；封胶、焊点的状况；是否存在变形、切割、焊接痕迹。

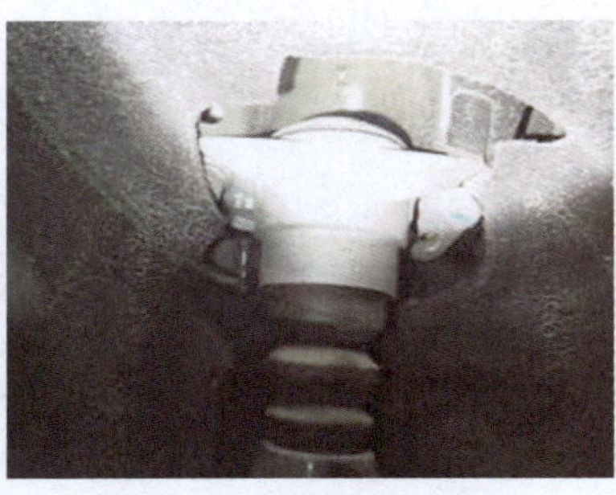

图2-6　车尾骨架检查（后减振器悬挂部位）

【任务实施】

小王在学习了事故车定义及特征、事故车检查要点及内容后，现对一辆二手车进行事故车判别，并填写二手车鉴定评估作业表，建议按以下步骤来完成任务。

步骤一　判别前准备。

准备好漆膜仪、卷尺、手电筒、拍照设备等仪器设备，准备好二手车鉴定评估作业表。

步骤二　判别事故车。

检查车辆受损情况，并完成如下二手车鉴定评估作业表。

代码	检查项目或车体部位	检查结果记录
1	车体左右对称性	
2	左A柱	
3	左B柱	
4	左C柱	

（续）

代码	检查项目或车体部位	检查结果记录
5	右 A 柱	
6	右 B 柱	
7	右 C 柱	
8	左前纵梁	
9	右前纵梁	
10	左前减振器悬挂部位	
11	右前减振器悬挂部位	
12	左后减振器悬挂部位	
13	右后减振器悬挂部位	
是否为事故车		□是　□否

【任务评价】

请根据自己在本任务中的实际表现进行自评。

序号	评价标准	评分分值	得分
1	能够做到 7S（整理、整顿、清洁、清扫、素养、安全、节约）	10	
2	能够理解和明确工作任务	10	
3	掌握工作相关知识及要点	20	
4	能够正确检查各项目	10	
5	能够正确进行事故车判断及描述	20	
6	能够正确填写二手车鉴定评估作业表	10	
7	能够遵纪守法、按章办事	10	
8	初步具有一丝不苟、实事求是、精益求精的精神	10	
合计（总分 100 分）			

请指导教师检查、评价任务完成情况。

序号	检查项目	结果是否与实车实际相符	
		相符	不相符
1	各检查项目的检查情况（是否有遗漏项、检查不规范等）		
2	缺陷描述情况（判断及描述是否准确等）		
3	实事求是精神、诚实守信精神	□具备	□不具备
4	遵纪守法、按章办事意识	□具备	□不具备
5	一丝不苟、精益求精的工匠精神	□具备	□不具备
6	争做大国工匠、高技能人才意识	□具备	□不具备
对任务完成情况综合评价：□优秀　□良好　□中等　□及格　□不及格			

【拓展帮助】

依据团体标准 T/CADA 18—2021《乘用车鉴定评估技术规范》，事故车缺陷状态认定标准：

1）变形、扭曲、褶皱、钣金或烧焊，缺陷面积大于或等于 30mm × 30mm 即被认定。

2）切割：有切割更换痕迹即被认定为切割。

任务二　判别泡水车

【任务描述】

小王是某二手车鉴定评估公司的新员工，他在学习掌握了判别事故车的方法后，现开始学习判别泡水车的方法。

【任务目标】

通过本任务的学习，需要达成以下目标：

1）了解泡水车的定义及安全隐患。

2）掌握泡水车的检查要点及检查内容。

3）能够独立开展工作，判别车辆是否为泡水车。

4）增强法律意识，培养遵章守法、按章办事意识。

5）培养 7S（整理、整顿、清洁、清扫、素养、安全、节约）意识并在工作中执行。

【任务分析】

通过本任务的学习，可以初步掌握泡水车的检查要点及检查内容、判别车辆是否为泡水车。要达成任务目标，可以按照以下流程进行：

1）学习泡水车定义及安全隐患和泡水车检查要点及内容等知识点。

2）进行泡水车判别前的准备工作。

3）判别车辆是否为泡水车。

完成本任务需要准备的工作场景和设备有：理实一体化教室，汽车整车、手电筒、拍照设备、工作夹、纸、笔等。

完成本任务所需的知识详见相关知识中的各知识点。

【相关知识】

知识点一　泡水车定义及安全隐患

1. 泡水车定义

泡水车是指经过水浸泡的车辆，一般是指浸水深度超过车轮及车身座椅，车身部件与水长时间接触的机动车，这样的车辆危险系数较大，电路容易造成短路、起火等。泡水车与涉水行驶过的车辆存在区别，有许多车辆在遇到大雨、暴雨等恶劣天气时，曾在水中短时间行驶过，这不算泡水车。

泡水车按受损情况分为三种：第一种是水位超过车轮，并涌入车内，车辆脚垫位置出现积水的情况；第二种是水位达到前风窗玻璃的下沿，水面浸湿座椅或超过中控台的情况；第三种是水位直接没过了车顶的情况，如图 2-7 所示。这三种情况中，第一种最为常见，对车辆的损害性较后两种要小很多，车辆修复后对日常使用影响不大，而后两种情况比较严重，就算修复后车辆也存在较大的隐患。

2. 泡水车安全隐患

泡水车在一定程度上可修复，但即使修好也存在严重的安全隐患，浸泡时间越长故障出现概率越高。泡水会对汽车内部的电子控制系统造成损害，会造成 ECU 内部电路板短路及插头端子产生锈斑，进而金属部分慢慢产生锈蚀现象，使电路接触不良，引发短路或断路，导致车辆在行驶过程中突然熄火、自燃，安全气囊关键时刻无法弹出甚至无故弹出等；发动机进水则需要进行大修；车辆内的地毯、座椅等被浸泡，会造成材质变形、粗糙及异味产生、细菌滋生；车辆地板等部件被水浸没，极易导致车身部件生锈，缩短使用寿命，降低安全性能。图 2-8 所示为泡水车照片。

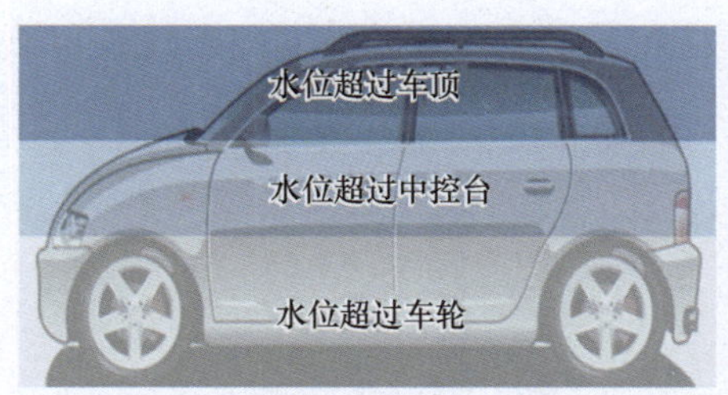

图 2-7　车辆泡水程度

图 2-8　泡水车照片

知识点二　泡水车检查要点及内容

1. 泡水车检查要点

泡水车经修复后流入二手车市场的情况并不少见，一般修复后的泡水车都存在一定的泡水痕迹，只要仔细鉴定就不难发现。常见泡水车特征如下：

（1）车内气味刺鼻　泡水车在没有处理或处理不当的情况下会有发霉、发臭等刺鼻味道。

（2）车内地毯起球　观察车辆最底层的地毯，因泡水车的地毯都会拆出来清洗晒干，在清洗过程中可能会用刷子刷掉上面积聚的泥沙，从而导致地毯起球，并且晾晒过程中还可能导致地毯变形而无法与底板贴合。

（3）座椅发硬　对于水位泡到了座椅的泡水车来说，座椅经过清洗和干燥处理之后会变硬，坐起来更像是坐在了厚纸板上而不是泡沫上。用手按压座椅也能感觉到缺少弹性，且因需要拆卸座椅进行清理，座椅螺丝会出现拧动痕迹。

（4）车内支架生锈　在仪表板下方有很多金属支架，这些支架因为不容易接触到水汽而未做防锈处理。当水进到车内以后，水汽蒸发，就会使这些支架生锈。

（5）车辆缝隙存在水渍、泥沙　正常车辆在缝隙处不会存有泥沙等杂质，仅会存在少量灰尘；而泡水车则会因为水中夹带泥沙，使发动机舱内、门窗接缝处、行李舱地板角落等存有水渍和泥沙。

2. 泡水车检查内容

（1）检查发动机舱

1）检查发动机缸体：雨水混合了地面的尘泥后一般都会对金属产生腐蚀，检查发动机舱时可通过观察缸体是否有锈蚀来判断是否为泡水车。泡水之后的发动机缸体表面会产生一层白色的霉点或者水渍，一些机舱内的螺栓还可能产生锈渍，需仔细观察，如图 2-9 所示。

2）检查发动机舱内管道、线束等缝隙：发动机舱内一些电路管道、继电器盒、线束缝隙等部位在泡水后容易藏有泥沙，一般难以清洁，除非更换，仔细观察这些部位可以判断车辆是否泡水，如图 2-10 所示。

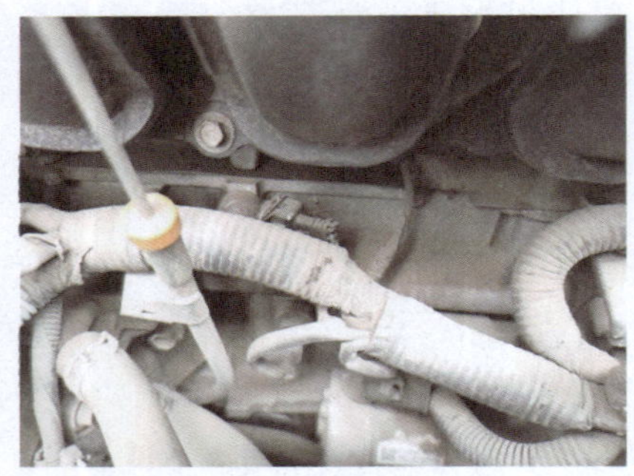

图 2-9　检查发动机缸体

图 2-10　检查发动机舱内管道、线束等缝隙

3）检查发动机舱内侧防火板：发动机舱与驾驶舱隔断处设置有防火板，由于位置所限，在维修时一般都不予更换，如果车辆有泡水经历，一般会在防火板处留下痕迹，可以借助内窥镜予以观察，如图 2-11 所示。

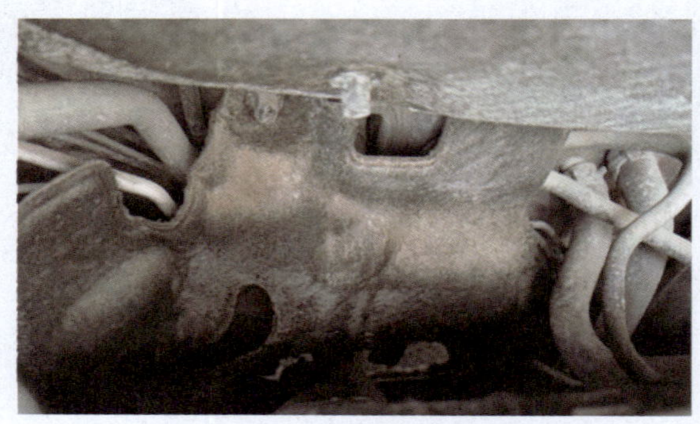

图 2-11　检查发动机舱内侧防火板

（2）检查驾乘舱

1）检查车内地毯：车内植绒地毯是一个重要的检查点，首先可以观察地毯缝隙处、地毯与底边梁的接缝处是否有残留的泥沙；然后检查地毯是否有发霉、霉烂的痕迹，检查时可以把地毯掀开来观察其底部；最后可以用手触摸地毯，观察地毯的毛是否柔顺、有无被刷子刷过后起球的情况，如图 2-12 所示。

2）检查车门饰板：车门的布艺或真皮材质经过水泡后，很难进行修复，只有通过后期重新包裹才能弥补，在检查门饰板时要重点观察是否为原厂配置，如果有重修包裹的痕迹就有可能是泡水车，如图 2-13 所示。

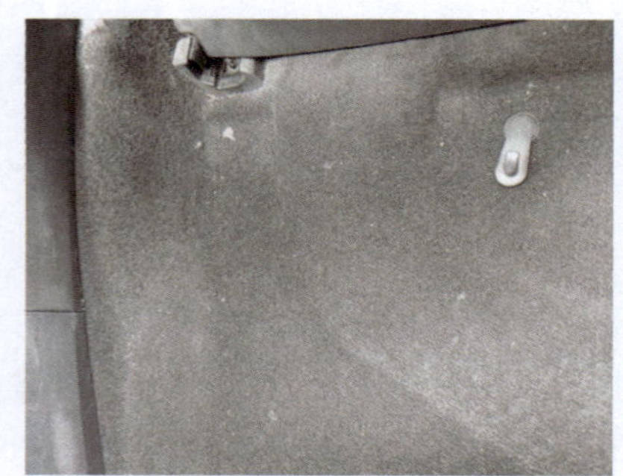

图 2-12　检查车内地毯

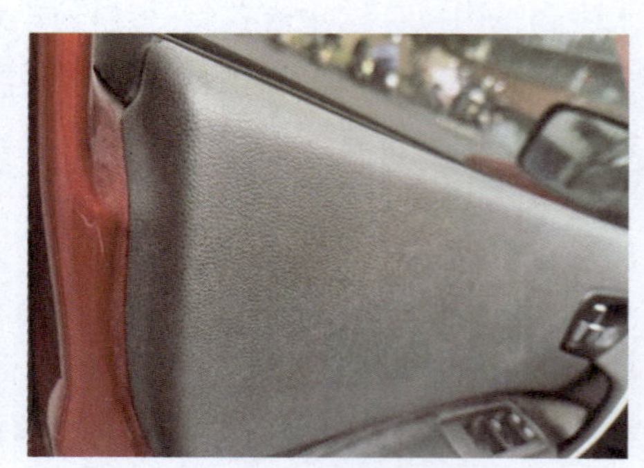

图 2-13　检查车门饰板

3）检查全车座椅：无论是织布还是真皮材质的座椅，如果进水，那么表面肯定会产生一些泛黄的水迹，即使清理后，座椅的表面也会有不同程度的色差。另外，由于汽车座椅大部分采用发泡海绵材质，进水后材质相对会偏硬，而且软硬会不均，大力按压边缘的话可以发现区别，如图 2-14 所示。

4）检查室内铁件：室内铁件泡水后容易生锈，尤其是转向柱、座椅底部支架、导轨、底座等，应低身仔细观察，如图 2-15 所示。

图 2-14　检查全车座椅

图 2-15　检查室内铁件

5）检查中控台：中控台检查时可以查看各功能按键是否正常，手感有无差异，泡水车按键会有发涩感。如果车内有液晶显示屏，可以观察液晶屏是否明暗不一，如图 2-16 所示。

（3）检查行李舱　检查行李舱有无水渍、残留泥沙、底板是否生锈、随车工具是否生锈。如果有残留泥沙，并有生锈的地方，可以判断为泡水车，如图 2-17 所示。

图 2-16　检查中控台

图 2-17　检查行李舱

【任务实施】

小王在学习了泡水车定义及安全隐患、泡水车检查要点及内容后，现对一辆二手车进行泡水车判别，并填写二手车鉴定评估作业表，建议按以下步骤来完成任务。

步骤一　判别前准备。

准备手电筒、内窥镜、拍照设备等仪器设备，准备好二手车鉴定评估作业表。

步骤二　判别泡水车。

对车辆进行整体检查，并完成如下二手车鉴定评估作业表。

序号	检查项目	检查结果记录
1	检查发动机缸体	
2	检查发动机舱内管道、线束等缝隙	
3	检查发动机舱内侧防火板	

（续）

序号	检查项目	检查结果记录
4	检查车内地毯	
5	检查车门饰板	
6	检查全车座椅	
7	检查室内铁件	
8	检查中控台	
9	检查行李舱	
10	其他	
是否为泡水车		□是　□否

【任务评价】

请根据自己在本任务中的实际表现进行自评。

序号	评价标准	评分分值	得分
1	能够做到 7S（整理、整顿、清洁、清扫、素养、安全、节约）	10	
2	能够理解和明确工作任务	10	
3	掌握工作相关知识及要点	20	
4	能够正确检查各项目	10	
5	能够正确进行泡水车判断及描述	20	
6	能够正确填写二手车鉴定评估作业表	10	
7	能够遵纪守法、按章办事	10	
8	初步具有一丝不苟、实事求是、精益求精的精神	10	
合计（总分 100 分）			

请指导教师检查、评价任务完成情况。

序号	检查项目	结果是否与实车实际相符	
		相符	不相符
1	各检查项目的检查情况（是否有遗漏项、检查不规范等）		
2	缺陷描述情况（判断及描述是否准确等）		
3	实事求是精神、诚实守信精神	□具备	□不具备
4	遵纪守法、按章办事意识	□具备	□不具备
5	一丝不苟、精益求精的工匠精神	□具备	□不具备
6	争做大国工匠、高技能人才意识	□具备	□不具备
对任务完成情况综合评价：□优秀　□良好　□中等　□及格　□不及格			

【拓展帮助】

依据团体标准 T/CADA 18—2021《乘用车鉴定评估技术规范》，泡水车缺陷状态认定标准：

1）泡水锈蚀：指车内金属部件因为泡水原因造成的大面积极为明显的锈蚀。

2）泡水泥沙：指车内存在明显泥沙痕迹。

3）泡水水渍：指因为泡水车内存留的水印。

4）泡水霉斑：指车内部件因为泡水后造成的明显发霉现象。

任务三　判别火烧车

【任务描述】

小王是某二手车鉴定评估公司的新员工，他在学习掌握了判别泡水车的方法后，现开始学习判别火烧车的方法。

【任务目标】

通过本任务的学习，需要达成以下目标：

1）了解火烧车的基本特征。

2）掌握火烧车的检查要点及检查内容。

3）能够独立开展工作，判别车辆是否为火烧车。

4）养成诚实守信意识、培养实事求是精神。

5）具备一丝不苟、精益求精的工匠精神。

6）培养 7S（整理、整顿、清洁、清扫、素养、安全、节约）意识并在工作中执行。

【任务分析】

通过本任务的学习，可以初步掌握火烧车的检查要点及检查内容、判别车辆是否为火烧车。要达成任务目标，可以按照以下流程进行：

1）学习火烧车定义及安全隐患和火烧车检查要点及内容等知识点。

2）进行火烧车判别前的准备工作；

3）判别车辆是否为火烧车。

完成本任务需要准备的工作场景和设备有：理实一体化教室，汽车整车、计算机、手电筒、拍照设备、工作夹、纸、笔等。

完成本任务所需的知识详见相关知识中的各知识点。

【相关知识】

知识点一　火烧车定义及安全隐患

1. 火烧车定义

汽车无论是由于外燃还是自燃，只要发动机舱或乘员舱发生严重火烧，燃烧面积较大，机件损坏较严重的，就统称为火烧车，应列为事故车辆，如图 2-18 所示。火烧是极为严重的事故，经火烧后，机件很难修复。但对于局部着火，着火所烧的零件为非主要零部件，并在极短的时间内熄灭，主要零件未受到影响的，经修复换件后，这种车辆不能算火烧车。

2. 火烧车安全隐患

经过高温的烧灼，车辆内部各种电路的塑料绝缘层已经老化，容易造成短路，轻的会烧坏保险和电控元件，重的会发生自燃。车辆发生过火后，其实那些肉眼可见的塑料件损伤都不是什么大问题，更换掉就好，真正致命的是车身强度的改变。钢材的热处理工艺中有一种叫“退火”，经过退火的钢材硬度会下降，这样便于进一步加工，而车辆过火就相当于给车身骨架做了一次“退火”，过火后会降低车身骨架的强度，金属组织发生变化，万一发生事故就保证不了安全了，所以火烧车和事故车一样，在二手车鉴定评估时要特别注意，如图 2-19 所示。

图 2-18　火烧车照片

图 2-19　火烧车结构件“退火”

知识点二　火烧车检查要点及内容

1. 火烧车检查要点

火烧车被修复后，依然具备一些特有的外部特征，鉴别火烧车的关键在于细致观察这些特征。

（1）轻微火烧车　由于塑料配件的变形脱落，修复时会更换车辆一侧或周身的外挂塑料装饰件，车灯和前后保险杠也会更换，如若发现被更换的塑料件周边钣金表层出现龟裂、炸裂或炸裂式脱落现象，但钣金表层并无整形喷漆痕迹的，可以确定是轻微火烧车，购买时需向售卖方确定火烧面积。

（2）轻度火烧车　轻度火烧车的特点是明火引发局部火灾，且绝大多数发生在机舱、车尾或大功率用电设备附近。维修时一般选择更换火烧部位的配件和配件总成，即使选择修复受损部位而不进行更换，但根据缝隙内、连接处或配件表面的烟熏痕迹和钣金维修部位塑胶配件的手工涂抹更换痕迹依然能较容易鉴别出火烧车。

（3）中度火烧车　中度火烧车的火烧面积、严重程度都变大了，遗留在车身上的痕迹更多，更容易鉴别。若发动机有灼烧痕迹，变速器表面留有黑灰火烤迹象，个别死角残留橡胶塑料未完全燃烧的物质，但发动机舱内的传感器、继电器、插头、卡扣、电线电缆是新的，则可以判断为发动机舱内过火。若车漆重新喷涂，且更换了副厂或组装件的座椅、仪表板、ABC 柱装饰板、地毯、天花板、转向盘、变速杆及变速杆周边装饰板、车门玻璃及风窗玻璃和车内常规裸露在外的电器等物，则可判定为车身过火。

（4）重度火烧车　虽然重度火烧车一般会进行报废处理，但有无德车商会采购拼凑部件装成整车再进行销售。整车喷漆，发动机舱、驾驶舱均进行了全方位维修更换整备，机动车登记证书中发动机代码、车辆识别代号在近期内连续办理变更业务的，都属于重度火烧车特征，不建议购买。

2. 火烧车检查内容

火烧车修复后，其安全性仍很低，修复后的火烧车比起事故车来说，还是比较容易辨别的。二手车市场存在的火烧车虽说没有事故车、泡水车占比大，但仍须懂得鉴别和加以避免。

（1）检查焦味　火烧后的二手车无论怎么掩盖，都会留有一种特殊的火烧气味。而且火烧车停放至二手车市场，长年累月不通风，必然会存在焦味。车商车贩会假借车辆停放过久会有异味为由，在实地看车前会提前进行通风或是喷清新剂来散味，所以要学会识别这种味道，千万不要拿焦味当异味。

（2）检查整车外观　外观最大的看点就是车漆，火烧伤车漆这是无法避免的，即便再小的火势也会烧伤车漆，被火烧后，车门前后的翼子板及车身整体的车漆都会变得斑驳。修漆、补漆就是必经之路，有可能是整体换漆，也有可能是局部补漆，这可以通过车身漆体的光泽度与均匀度来判断。可以借助专业工具漆膜仪来检查漆膜厚度，如图 2-20 所示。

（3）检查发动机舱　电路老化非常容易造成车辆自燃，燃烧后车辆的熔丝、线束、线束接口都要经过更换，否则火烧痕迹会太过明显。这时候查看一下电路会不会格外得新或是各处电路新旧不一，发动机周围有没有熏黑过的痕迹，这些都是检查车辆有没有经历过火烧的关键，如图 2-21 所示。

图 2-20　检查整车外观

图 2-21　检查发动机舱

（4）检查驾乘舱　当车辆发生火烧后，内饰少不了遭殃。哪怕是火势比较小的火烧，都会对驾乘舱内饰造成一定的影响。比如存在区域性的过火痕迹、座椅漆面存在火烧痕迹、地板存在过火痕迹。这些痕迹不经修复是很难转手卖出的，所以要着重看看内饰的油面或是漆面是否正常，有无换新、翻新痕迹。尤其是座椅翻新，座椅翻新后会留下严重的油漆味，翻新用的油漆与原漆相差比较大，需要加以注意，如图 2-22 所示。

图 2-22　检查驾乘舱

【任务实施】

小王在学习了火烧车定义及安全隐患、火烧车检查要点及内容后，现对一辆二手车进行火烧车判别，并填写二手车鉴定评估作业表，建议按以下步骤来完成任务。

步骤一　判别前准备。

准备手电筒、拍照设备等仪器设备，准备好二手车鉴定评估作业表。

步骤二　判别火烧车。

对车辆进行整体检查，并完成如下二手车鉴定评估作业表。

序号	检查项目	检查结果记录
1	检查焦味	
2	检查整车外观	
3	检查发动机舱	
4	检查驾乘舱	
5	其他	
是否为火烧车		□是 □否

【任务评价】

请根据自己在本任务中的实际表现进行自评。

序号	评价标准	评分分值	得分
1	能够做到 7S（整理、整顿、清洁、清扫、素养、安全、节约）	10	
2	能够理解和明确工作任务	10	
3	掌握工作相关知识及要点	20	
4	能够正确检查各项目	10	
5	能够正确进行火烧车判断及描述	20	
6	能够正确填写二手车鉴定评估作业表	10	
7	能够遵纪守法、按章办事	10	
8	初步具有一丝不苟、实事求是、精益求精的精神	10	
合计（总分 100 分）			

请指导教师检查、评价任务完成情况。

序号	检查项目	结果是否与实车实际相符	
		相符	不相符
1	各检查项目的检查情况（是否有遗漏项、检查不规范等）		
2	缺陷描述情况（判断及描述是否准确等）		
3	实事求是精神、诚实守信精神	□具备	□不具备
4	遵纪守法、按章办事意识	□具备	□不具备
5	一丝不苟、精益求精的工匠精神	□具备	□不具备
6	争做大国工匠、高技能人才意识	□具备	□不具备
对任务完成情况综合评价：□优秀 □良好 □中等 □及格 □不及格			

【拓展帮助】

依据团体标准 T/CADA 18—2021《乘用车鉴定评估技术规范》，火烧车缺陷状态认定标准：单点火烧熏黑碳化痕迹或火烧炙烤融化面积达到 0.3 平方米以上或多点火烧痕迹累计面积达到 0.8 平方米为火烧车。

任务四 车辆外观的检查

【任务描述】

小王是某二手车鉴定评估公司的新员工，他在学习掌握了事故车、泡水车和火烧车的判别方法后，现开始学习对车辆外观进行检查的方法。

【任务目标】

通过本任务的学习，需要达成以下目标：

1）掌握车辆外观检查的内容。

2）掌握车辆外观检查的要点并能对其状态进行正确描述。

3）具备一丝不苟、精益求精的工匠精神。

4）培养 7S（整理、整顿、清洁、清扫、素养、安全、节约）意识并在工作中执行。

【任务分析】

通过本任务的学习，可以初步完成对车辆外观的检查工作。要达成任务目标，可以按照以下流程进行：

1）学习车辆外观检查内容、检查要点及状态描述等知识点。

2）进行外观检查前的准备工作。

3）对车辆外观进行检查。

完成本任务需要准备的工作场景和设备有：理实一体化教室，汽车整车、漆膜仪、磁性标尺、卷尺、轮胎花纹深度尺、手电筒、拍照设备、工作夹、纸和笔等。

完成本任务所需的知识详见相关知识中的各知识点。

【相关知识】

知识点一 车辆外观的检查内容

1. 车辆前方

检查车辆正前方、正后方整体外观，左前 45° 车辆外观、右前 45° 车辆外观，前保险杠和前车标，发动机舱盖表面。

2. 车辆后方

检查车辆正后方，检查左后 45° 车辆外观、右后 45° 车辆外观，后保险杠和后车标，行李舱盖，后风窗玻璃，行李舱门把手。

3. 车灯

检查左、右前照灯和转向灯，雾灯，左、右后尾灯。

4. 车辆翼子板

左前翼子板、左后翼子板、右前翼子板、右后翼子板。

5. 车门

左前车门、左后车门、右前车门、右后车门、车门把手，四车门机械性和密闭性，四车门上下铰链固定螺丝及线束。

6. 轮胎

四轮轮胎及轮毂。

7. 车顶

车顶表面平整情况及天窗玻璃。

知识点二　车辆外观检查要点及状态描述

1. 车辆漆面

（1）检查漆面颜色　在光线良好的室外，观察车辆漆面颜色是否有色差。

（2）检查漆面质量　对于碰撞部位，特别是较大面积的碰撞部位，在刮腻子、打磨、喷漆后，漆面易出现橘皮、流挂、针孔、气泡、龟裂、泛色、腻子印、裂痕和爆皮等缺陷，如图 2-23 所示。

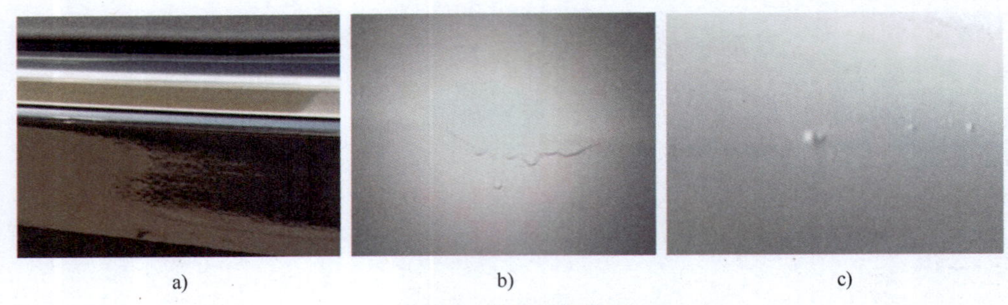

a)　　b)　　c)

图 2-23　漆面常见缺陷

a）橘皮现象　b）流挂现象　c）气泡现象

（3）检查漆面厚度　车身喷漆修复后，漆膜厚度增加，通过漆膜仪能够检测车身漆面的厚度，由此判断车身是否做过钣金或喷漆修复，如图 2-24 所示。

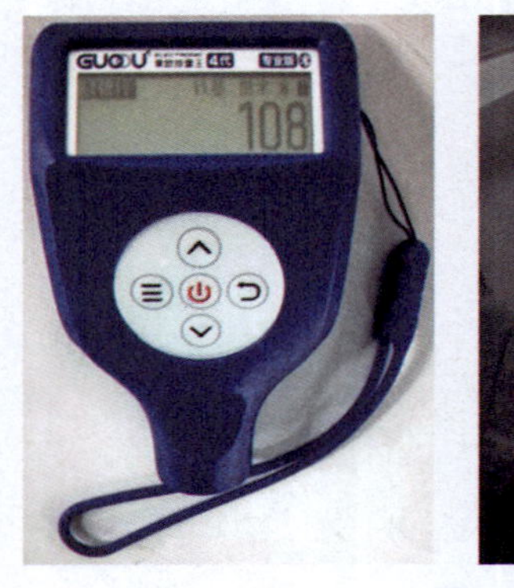

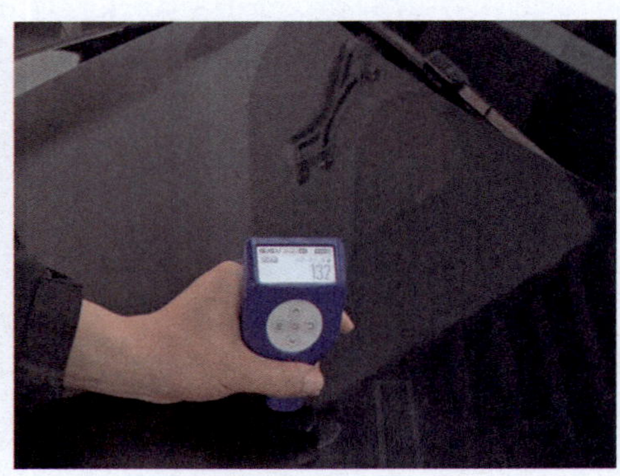

图 2-24　漆膜仪及使用

在用漆膜仪检查发动机舱盖、车顶和行李舱等面积较大部件时，一般选前、后、左、右和正中 5 个点作为取样点测量，也可选取“田”字形 9 个点测量。多数车辆正常漆面厚度为 80~150μm，如发现漆膜厚度较大、明显高于其他部位，如高于其他部位 200μm 或以上，则说明该处有过损伤、局部进行过修复喷漆。如图 2-25 所示，某二手车加油盖附近漆膜厚度为 780μm，而其周围车身的漆膜厚度为 95.0μm，说明加油盖周围的车身曾经做过钣金或喷漆修复。

2. 车身接合部位缝隙

检查车身外覆盖件接合部位间的缝隙是否左右对称、间隙是否均匀一致，如图 2-26 所示。

3. 汽车玻璃

（1）检查各个车窗玻璃是否是同一品牌　原厂汽车玻璃都会有玻璃品牌 Logo、厂家 Logo 和生产日期，如果没有玻璃品牌 Logo 或厂家 Logo，则说明该玻璃曾经更换过。

图 2-25　通过测量漆膜厚度查找车身做过钣金修复或喷漆的部位

（2）检查玻璃生产日期　玻璃上印有由数字和黑点构成的一串符号，可以得出生产日期。黑点在数字前，表示是上半年生产；黑点在数字后，则表示是下半年生产。若某玻璃的生产日期与其他玻璃相差很大，则说明该玻璃曾经更换过。

如图 2-27 a 所示，·12 表示是上半年生产的玻璃，计算公式为：7 减去黑点数，出厂月份为：7–1=6，即该车窗玻璃的出厂时间为 2012 年 6 月；如图 2-27 b 所示，20···表示是下半年生产的玻璃，计算公式为：13 减去黑点数，出厂月份为：13–3=10，即说明该车窗玻璃出厂时间为 2020 年 10 月。

图 2-26　检查车身接合部位间的缝隙

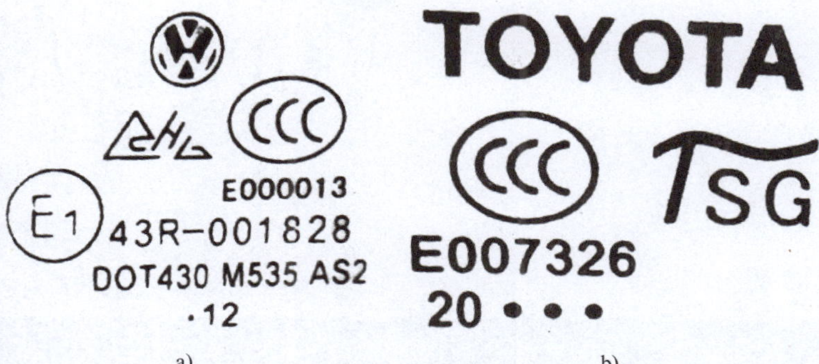

图 2-27　汽车玻璃的生产日期

a）上半年生产　b）下半年生产

4. 车灯

检查灯罩表面是否有划痕、破损、裂痕等现象；检查两边车灯亮度是否一致；检查左右车灯新旧程度是否一致等。图 2-28 所示为灯罩表面的划痕现象。

5. 轮胎

通过轮胎花纹深度尺（胎纹尺）来检查轮胎花纹的深度，如图 2-29 所示。乘用车轮胎胎冠的花纹深度应大于等于 1.6mm；检查各轮胎的磨损是否均匀；检查轮胎是否有裂纹、鼓包；检查轮毂是否有撞击、磨损。

图 2-28　灯罩表面的划痕现象

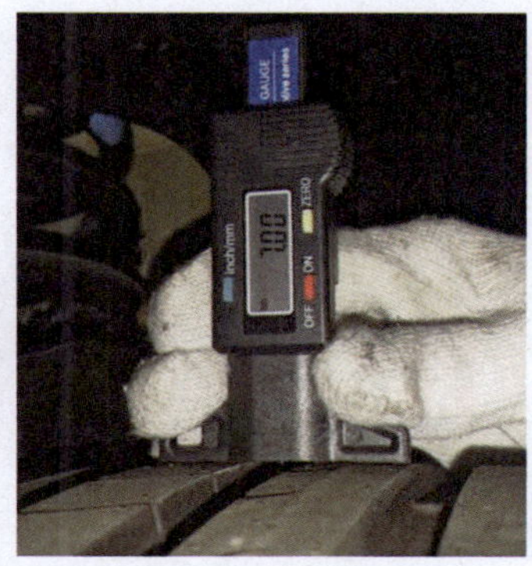

图 2-29　轮胎花纹深度尺及轮胎花纹深度检查

6. 车身外观检查状态描述

车身外观部位如图 2-30 所示，车身外观部位对应代码见表 2-2。车身外观状态缺陷描述代表字母见表 2-3。

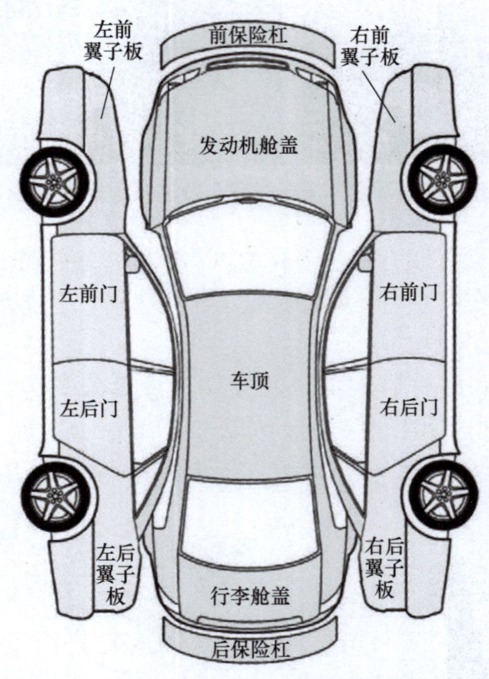

图 2-30　车身外观部位展开示意图

表 2-2　车身外观部位代码对应表

代码	外观部位	代码	外观部位
14	发动机舱盖表面	27	后保险杠
15	左前翼子板	28	左前轮
16	左后翼子板	29	左后轮
17	右前翼子板	30	右前轮
18	右后翼子板	31	右后轮
19	左前门	32	前照灯
20	右前门	33	后尾灯
21	左后门	34	前风窗玻璃
22	右后门	35	后风窗玻璃
23	行李舱盖	36	四门车窗玻璃
24	行李舱内侧	37	左后视镜
25	车顶	38	右后视镜
26	前保险杠	39	轮胎（胎冠花纹深度）

表 2-3　车身外观缺陷状态描述代表字母对应表

代表字母	HH	BX	XS	LW	AX	XF
状态描述	划痕	变形	锈蚀	裂纹	凹陷	修复痕迹

程度：1—面积小于或等于 100mm × 100mm。

程度：2—面积大于 100mm × 100mm 并小于或等于 200mm × 300mm。

程度：3—面积大于 200mm × 300mm。

程度：4—轮胎花纹深度小于 1.6mm。

参照图 2-30 标示，按照表 2-2、表 2-3 要求共检查 26 个项目，程度为 1 的扣 0.5 分，每增加 1 个程度加扣 0.5 分，共计 20 分，扣完为止。乘用车轮胎胎冠花纹深度应高于程度 4 的标准，即应大于或等于 1.6mm，其不符合标准时扣 1 分。

使用车辆外观缺陷测量工具（如磁性标尺）与漆面厚度检测设备（如漆膜仪），结合目测法对车身外观进行检测，依据表 2-2 和表 2-3 描述状态，车身外观项目的转义描述为：车身部位代码 + 状态 + 程度。例如：21XS2 对应描述为：左后车门有锈蚀，面积大于 100mm × 100mm，但小于或等于 200mm × 300mm。

磁性标尺是一面印有标准刻度，背面贴有磁条的直尺，其能依靠磁力吸附在铁基车身上，以便于对车身缺陷部位进行测量，如图 2-31 所示。

图 2-31　磁性标尺及车身（左前翼子板）缺陷测量

【任务实施】

小王在学习了车辆外观检查的检查内容、要点及状态描述后，现对一辆二手车进行车辆外观检查，并填写二手车鉴定评估作业表，建议按以下步骤来完成任务。

步骤一　检查前准备。

准备好漆膜仪、磁性标尺、卷尺、轮胎花纹深度尺、手电筒、拍照设备等仪器设备；准备好二手车鉴定评估作业表。

步骤二　检查车辆外观。

对车辆进行外观检查，并完成如下二手车鉴定评估作业表。

代码	车身检查	扣分	状态描述
14	发动机舱盖表面		划痕 HH 变形 BX 锈蚀 XS 裂纹 LW 凹陷 AX 修复痕迹 XF
15	左前翼子板		
16	左后翼子板		
17	右前翼子板		
18	右后翼子板		
19	左前门		
20	右前门		程度
21	左后门		1—面积≤ 100mm × 100mm 2—100mm × 100mm< 面积≤ 200mm × 300mm 3—面积 >200mm × 300mm
22	右后门		
23	行李舱盖		
24	行李舱内侧		
25	车顶		
26	前保险杠		
27	后保险杠		
28	左前轮		
29	左后轮		
30	右前轮		
31	右后轮		
32	前照灯		
33	后尾灯		
34	前风窗玻璃		
35	后风窗玻璃		
36	四门车窗玻璃		
37	左后视镜		
38	右后视镜		
39	轮胎（胎冠花纹深度）		
	其他项目		
合计扣分			

【任务评价】

请根据自己在本任务中的实际表现进行自评。

序号	评价标准	评分分值	得分
1	能够做到 7S（整理、整顿、清洁、清扫、素养、安全、节约）	10	
2	能够理解和明确工作任务	10	
3	掌握工作相关知识及要点	20	
4	能够正确检查各项目	10	
5	能够正确进行状态判断及描述	10	
6	能够正确填写二手车鉴定评估作业表	20	

（续）

序号	评价标准	评分分值	得分
7	能够遵纪守法、按章办事	10	
8	初步具有一丝不苟、实事求是、精益求精的精神	10	
合计（总分 100 分）			

请指导教师检查、评价任务完成情况。

序号	检查项目	结果是否与实车实际相符	
		相符	不相符
1	各项目的检查情况（是否有遗漏项、检查是否规范等）		
2	状态描述情况（判断及描述是否准确等）		
3	状态扣分情况（扣分是否准确）		
4	实事求是精神、诚实守信精神，遵纪守法、按章办事意识	□具备	□不具备
5	一丝不苟、精益求精的工匠精神	□具备	□不具备
6	争做大国工匠、高技能人才意识	□具备	□不具备
对任务完成情况综合评价：□优秀　□良好　□中等　□及格　□不及格			

【拓展帮助】

1）GB 7258—2017《机动车运行安全技术条件》关于车辆外观的规定：机动车各零部件应完好，联接牢固，无缺损；车体应周正，车体外缘左右对称部位高度差应小于或等于 40mm。

2）GB 7258—2017《机动车运行安全技术条件》关于汽车轮胎的规定：同一轴上的轮胎规格和花纹应相同，轮胎规格应符合整车制造厂的规定；乘用车、挂车轮胎胎冠上的花纹深度应大于或等于 1.6mm；其他机动车转向轮的胎冠花纹深度应大于或等于 3.2mm，其余轮胎胎冠花纹深度应大于或等于 1.6mm；轮胎胎面不应由于局部磨损而暴露出轮胎帘布层；轮胎不应有影响使用的缺损、异常磨损和变形；轮胎的胎面和胎壁上不应有长度超过 25mm 或深度足以暴露出轮胎帘布层的破裂和割伤。

任务五　发动机舱和行李舱的检查

【任务描述】

小王是某二手车鉴定评估公司的新员工，他在学习掌握了对车辆外观进行静态技术鉴定的方法后，现开始学习对二手车发动机舱和行李舱进行静态技术鉴定的方法。

【任务目标】

通过本任务的学习，需要达成以下目标：

1）掌握发动机舱和行李舱的检查内容。

2）掌握发动机舱和行李舱的检查要点并能对其状态进行正确描述。

3）具备一丝不苟、精益求精的工匠精神。

4）培养 7S（整理、整顿、清洁、清扫、素养、安全、节约）意识并在工作中执行。

【任务分析】

通过本任务的学习，可以初步完成对发动机舱和行李舱的检查工作。要达成任务目标，可以按照以下流程进行：

1）学习发动机舱和行李舱的检查内容、检查要点及状态描述等知识点。

2）进行发动机舱和行李舱检查前的准备工作。

3）对发动机舱和行李舱进行检查。

完成本任务需要准备的工作场景和设备有：理实一体化教室，汽车整车、手电筒、拍照设备、工作夹、纸和笔等。

完成本任务所需的知识详见相关知识中的各知识点。

【相关知识】

知识点一　发动机舱和行李舱的检查内容

1. 发动机舱盖

发动机舱盖漆面、舱盖锁开关，舱盖铰链等。

2. 散热器

龙门架及散热器框架，散热器盖、散热器格栅。

3. 防撞梁、吸能盒和前纵梁

防撞梁、吸能盒连接、前纵梁根部等。

4. 翼子板内衬

翼子板内衬联接螺钉、焊点等。

5. 减振器座

左、右减振器座外形、焊点等。

6. 发动机缸体

发动机缸体和缸盖。

7. 机油

机油液位及品质。

8. 蓄电池

蓄电池电极桩柱、电解液状态。

9. 线束管路

线束、油管、水管等。

10. 行李舱盖和导水槽

行李舱盖内侧、行李舱盖铰链、导水槽等。

11. 备胎及随车工具

备胎，随车工具，包括三角警示牌、千斤顶、车载灭火器、轮胎扳手、牵引环等。

知识点二　发动机舱和行李舱检查要点及状态描述

1. 发动机舱盖

1）检查漆面完好情况，有无钣金修复情况，舱盖锁开关是否正常。

2）检查发动机舱盖铰链螺母是否有拧动痕迹，螺母是否有划痕，边缘密封胶是否存在修复痕迹。图 2-32 所示为其连接螺母有拧动痕迹和划痕。

2. 散热器

散热器检查如图 2-33 所示。

1）检查散热器支架及散热器固定部件是否存在变形或修复痕迹。

2）检查散热器盖密封情况。

3）检查散热器格栅是否存在变形、破损及修复迹象。

图 2-32　螺母有拧动痕迹及划痕

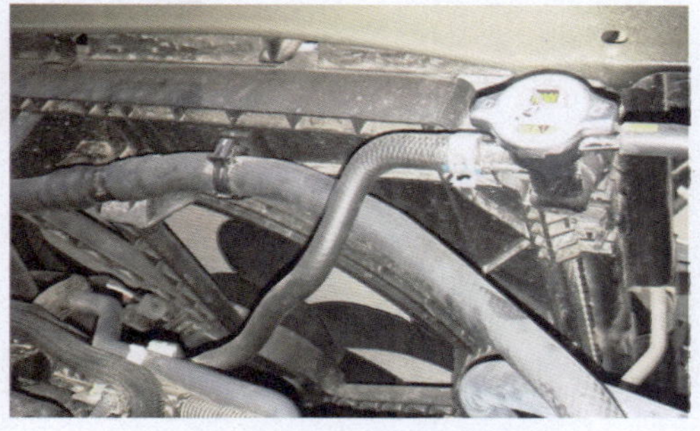

图 2-33　散热器检查

3. 前防撞梁、吸能盒和前纵梁

前防撞梁、吸能盒和前纵梁检查，如图 2-34 所示。

1）检查防撞梁、前纵梁是否有褶皱或钣金修复痕迹。

2）检查吸能盒连接情况，是否有变形。

4. 翼子板内衬

检查前翼子板内侧的翼子板固定螺母是否有拧动痕迹，内衬是否存在钣金修复痕迹，图 2-35 所示为翼子板固定螺母有拧动痕迹。

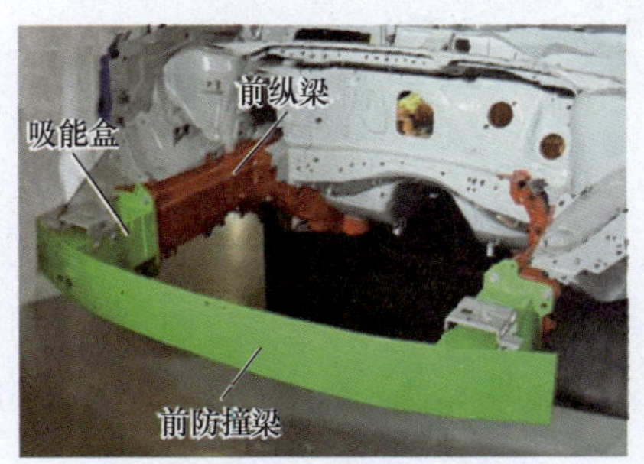

图 2-34　前防撞梁、吸能盒和前纵梁检查

图 2-35　翼子板固定螺母有拧动痕迹

5. 发动机舱

某款汽车的发动机舱如图 2-36 所示。

1）检查发动机缸体外表面、缸盖外是否有机油渗漏现象。

2）检查发动机传动带是否有老化现象。

3）检查机油液位是否正常，机油是否存在异味、发黑和乳化等现象。

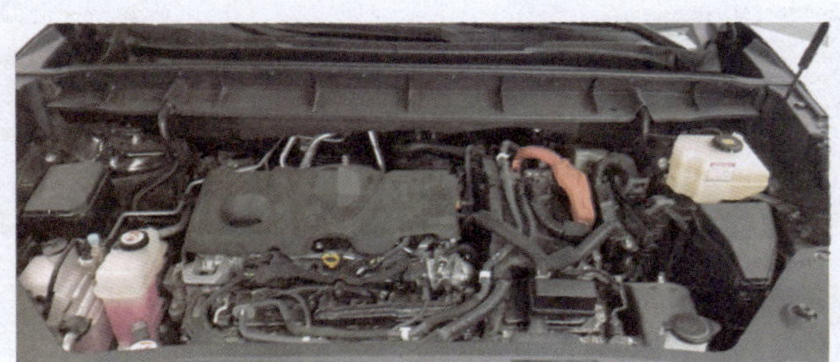

图 2-36　某款汽车的发动机舱

6. 蓄电池

检查蓄电池电极桩柱有无腐蚀现象，电解液有无泄漏等，图 2-37 所示为该蓄电池正极有腐蚀现象。

图 2-37　蓄电池正极有腐蚀现象

7. 线束管路

1）检查线束有无老化、破损。

2）检查油管、水管有无老化、渗液和破损等现象。线束和管路老化如图 2-38 所示。

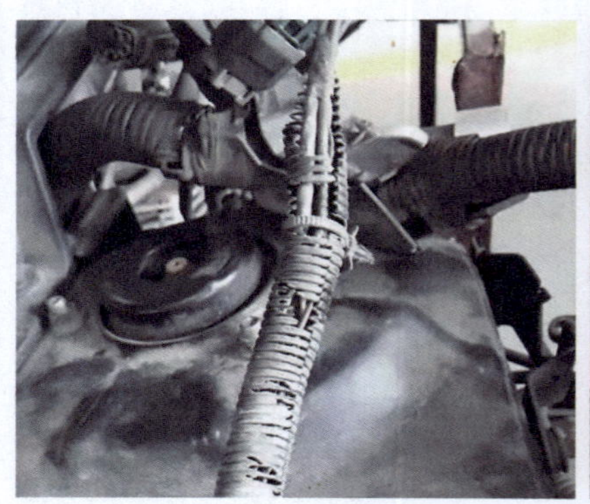
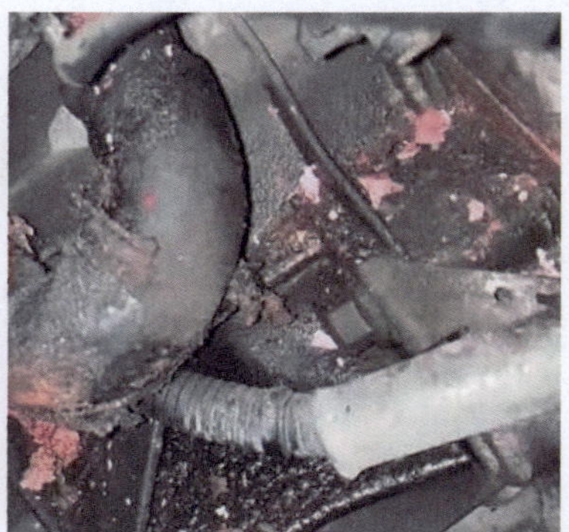

图 2-38　线束和管路老化

8. 行李舱

1）检查行李舱盖内板是否平整、有无变形，铰链螺母是否松动、是否有拆卸痕迹，图 2-39 所示为其内板边缘有变形现象。

2）检查行李舱盖边缘密封是否正常。

3）检查导水槽是否变形、焊点是否完整。

9. 备胎及随车工具

1）检查是否有备胎，如有备胎，查看备胎是否老化、备胎磨损情况、胎压是否正常。

2）检查随车工具，包括三角警示牌、千斤顶、车载灭火器、轮胎扳手、牵引环等是否齐全，如图 2-40 所示。

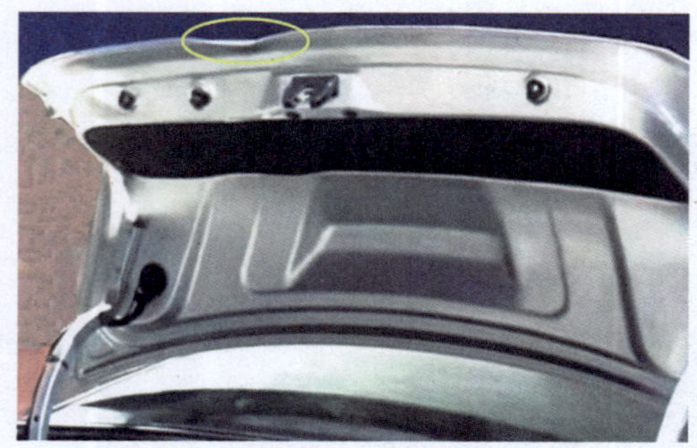

图 2-39　行李舱内板边缘变形

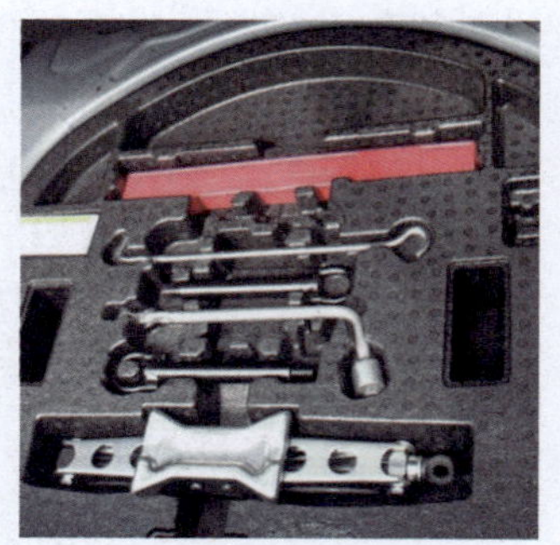

图 2-40　随车工具

10. 发动机舱及行李舱检查状态描述

发动机舱检查状态描述按表 2-4 要求，检查 10 个项目（代码 40~49）。

扣分标准：

1）选择 A 不扣分。

2）第 40 项选择 B 或 C 扣 15 分。

3）第 41 项选择 B 或 C 扣 5 分。

4）第 44 项选择 B 扣 2 分，选择 C 扣 4 分。

5）其余各项选择 B 扣 1.5 分，选择 C 扣 3 分。

共计 20 分，扣完为止。如检查第 40 项时发现机油有冷却液混入，检查第 41 项时发现缸盖外有机油渗漏，则应在《二手车鉴定评估报告》或《二手车技术状况表》的技术状况缺陷描述中分别予以注明，并提示修复前不宜使用。

表 2-4　发动机舱检查项目作业表

代码	检查项目	A	B	C
40	机油有无冷却液混入	无	轻微	严重
41	缸盖外是否有机油渗漏	无	轻微	严重
42	前翼子板内缘、水箱框架、横拉梁有无凹凸或修复痕迹	无	轻微	严重
43	散热器格栅有无破损痕迹	无	轻微	严重
44	蓄电池电极桩柱有无腐蚀现象	无	轻微	严重
45	蓄电池电解液有无渗漏、缺少	无	轻微	严重
46	发动机传动带有无老化现象	无	轻微	严重
47	油管、水管有无老化、裂痕现象	无	轻微	严重
48	线束有无老化、破损现象	无	轻微	严重
49	其他	只描述缺陷，不扣分		

行李舱检查状态描述需要说明行李舱是否正常、是否有备胎和随车工具等，只描述，不扣分。

【任务实施】

小王在学习了发动机舱和行李舱的检查内容、检查要点及状态描述后，现对一辆二手车的发动机舱和行李舱进行检查，并填写二手车鉴定评估作业表，建议按以下步骤来完成任务。

步骤一　检查前准备。

准备好手电筒、拍照设备等仪器设备；准备好二手车鉴定评估作业表。

步骤二　检查发动机舱和行李舱。

对车辆发动机舱和行李舱进行检查，并完成如下二手车鉴定评估作业表。

代码	发动机舱和行李舱检查	程度			扣分
40	机油有无冷却液混入	□无	□轻微	□严重	
41	缸盖外是否有机油渗漏	□无	□轻微	□严重	
42	前翼子板内缘、水箱框架、横拉梁有无凹凸或修复痕迹	□无	□轻微	□严重	
43	散热器格栅有无破损痕迹	□无	□轻微	□严重	
44	蓄电池电极桩柱有无腐蚀现象	□无	□轻微	□严重	
45	蓄电池电解液有无渗漏、缺少	□无	□轻微	□严重	

（续）

代码	发动机舱和行李舱检查	程度			扣分
46	发动机传动带有无老化现象	□无	□轻微	□严重	
47	油管、水管有无老化、裂痕现象	□无	□轻微	□严重	
48	线束有无老化、破损现象	□无	□轻微	□严重	
49	其他				
合计扣分					

【任务评价】

请根据自己在本任务中的实际表现进行自评。

序号	评价标准	评分分值	得分
1	能够做到7S（整理、整顿、清洁、清扫、素养、安全、节约）	10	
2	能够理解和明确工作任务	10	
3	掌握工作相关知识及要点	20	
4	能够正确检查各项目	10	
5	能够正确进行状态判断及描述	10	
6	能够正确填写二手车鉴定评估作业表	20	
7	能够遵纪守法、按章办事	10	
8	初步具有一丝不苟、实事求是、精益求精的精神	10	
合计（总分100分）			

请指导教师检查、评价任务完成情况。

序号	检查项目	结果是否与实车实际相符	
		相符	不相符
1	各项目的检查情况（是否有遗漏项、检查不规范等）		
2	状态描述情况（判断及描述是否准确等）		
3	状态扣分情况（扣分是否准确）		
4	实事求是精神、诚实守信精神	□具备	□不具备
5	遵纪守法、按章办事意识	□具备	□不具备
6	一丝不苟、精益求精的工匠精神	□具备	□不具备
7	争做大国工匠、高技能人才意识	□具备	□不具备
对任务完成情况综合评价：□优秀　□良好　□中等　□及格　□不及格			

【拓展帮助】

依据GB/T 30323—2013《二手车鉴定评估技术规范》，对如下随车附件进行检查时，结构、功能坏损的，直接进行缺陷描述，不扣分。

1）备胎。

2）千斤顶。

3）轮胎扳手等随车工具。

4）三角警示牌。

5）灭火器。

任务六　驾驶舱和内饰的检查

【任务描述】

小王是某二手车鉴定评估公司的新员工，他在学习掌握了对汽车发动机舱和行李舱进行静态技术鉴定的方法后，现开始学习对二手车驾驶舱及内饰进行静态技术鉴定的方法。

【任务目标】

通过本任务的学习，需要达成以下目标：

1）掌握车辆驾驶舱和内饰的检查内容。

2）掌握车辆驾驶舱和内饰的检查要点并能对其状态进行正确描述。

3）具备一丝不苟、精益求精的工匠精神。

4）培养 7S（整理、整顿、清洁、清扫、素养、安全、节约）意识并在工作中执行。

【任务分析】

通过本任务的学习，可以初步完成对驾驶舱及内饰的检查工作。要达成任务目标，可以按照以下流程进行：

1）学习驾驶舱和内饰的检查内容、检查要点及状态描述等知识点。

2）进行驾驶舱和内饰检查前的准备工作。

3）对车辆驾驶舱和内饰进行检查。

完成本任务需要准备的工作场景和设备有：理实一体化教室，汽车整车、手电筒、拍照设备、工作夹、纸和笔等。

完成本任务所需的知识详见相关知识中的各知识点。

【相关知识】

知识点一　驾驶舱和内饰的检查内容

1. 转向盘

检查转向盘自由行程（自由转动量）及磨损情况。

2. 中控台

检查仪表板、空调、音响、变速杆、驻车制动操纵杆及储物盒的情况。

3. 座椅及安全带

检查座椅调整能力及磨损情况，安全带磨损情况等。

4. 门窗密封条和玻璃升降器

检查门窗密封条是否良好、是否老化，玻璃升降功能是否正常。

5. 后视镜、车顶和天窗

检查左、右后视镜和中央内视镜调节功能，天窗开启、关闭功能是否正常。

知识点二　驾驶舱和内饰检查要点及状态描述

1. 转向盘

1）检查转向盘自由行程（自由转动量）。转向盘自由行程是指汽车转向轮保持直线行驶位置静止不动时，左右轻轻晃动转向盘测得的游动角度。对于最大设计车速大于等于 100km/h 的机动车，其最大自由转动量应小于等于 15°。

2）检查转向盘 3 点和 9 点钟位置的磨损情况，如图 2-41 所示。

图 2-41　转向盘磨损情况

2. 中控台

中控台如图 2-42 所示，其重点检查内容如下：

1）检查仪表板表面的磨损情况，观察是否有划痕、连接点是否有拆装痕迹等。

2）打开点火开关，检查仪表板上转速表、车速表、机油压力表、冷却液温度表、燃油表及各个指示灯或警告灯等是否正常工作，有无缺失。

图 2-42　汽车中控台

3）分别操纵中控台上的点火开关、灯光系统开关、刮水器开关、喇叭开关、空调系统开关、音响娱乐系统开关等，检查其是否完好、是否能正常工作。

4）检查空调的送风模式、制冷效果、温度调节等功能，各个出风口出风量及风向调节功能是否正常。

5）检查变速杆表面和周边是否有损坏、开裂及磨损情况，逐一将变速器换至各个档位，检查变速器换档操纵机构是否灵活。

6）拉紧和释放驻车制动操纵杆（或电子驻车按钮），检查驻车制动操纵杆是否灵活（电子驻车按钮是否正常），锁止机构是否正常。

7）逐一检查车内各个储物空间的整洁度和开启、锁闭情况。

3. 座椅

1）检查前排座椅调节功能是否正常。

2）检查座椅磨损情况、平整度及印痕，如图 2-43 所示。

3）检查座椅弹性情况，是否存在塌陷感。

4. 安全带

1）将安全带全部拉出，检查安全带表面磨损情况，是否有脱丝、水印、发霉等，如图 2-44 所示。

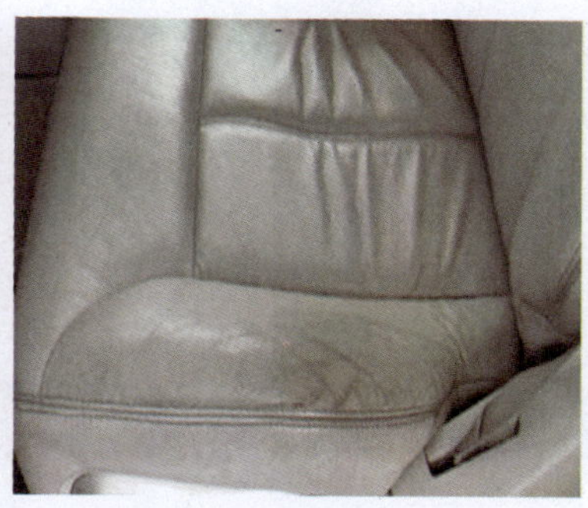

图 2-43　座椅磨损情况、平整度及印痕

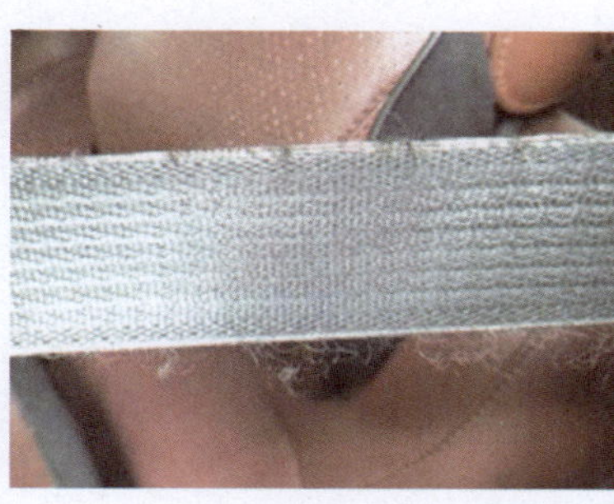
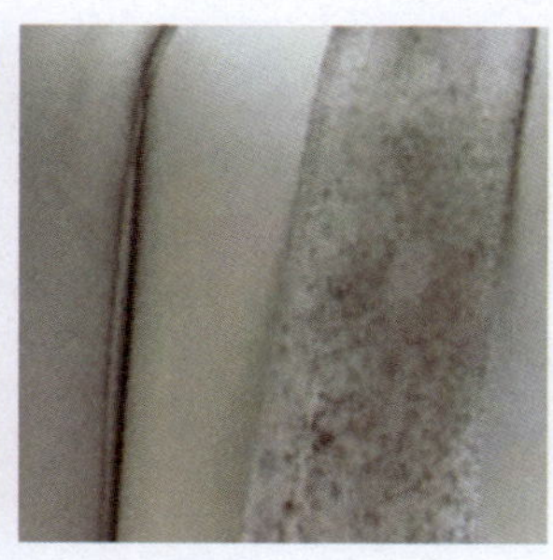

图 2-44　安全带脱丝和发霉现象

2）用力、快速拉动安全带，检查安全带锁止功能是否正常。

3）查看安全带生产日期，判断其是否更换过。注意，有些车辆安全带生产日期在安全带根部厂牌上，有些则在安全带卡扣上。

5. 门窗密封条及玻璃升降

1）检查车辆门窗密封条是否良好、是否老化，如图 2-45 所示。

2）打开点火开关，检查各个车窗玻璃升降器开关有无卡滞、无力、异响、失效等现象。

6. 后视镜、车顶和天窗

1）检查左、右后视镜有无松旷、镜面破损情况，调节功能是否正常。图 2-46 所示为后视镜镜面破损。

2）检查车顶内饰洁净程度，天窗启闭及密封情况。

图 2-45　车门密封条老化

图 2-46　后视镜镜面破损

7. 驾驶舱和内饰检查状态描述

按表 2-5 要求，检查 15 个项目（代码 50~64）。

扣分标准：

1）选择 A 不扣分。

2）第 50 项选择 C 扣 1.5 分。

3）第 51、52 项选择 C 扣 0.5 分。

4）其余项目选择 C 扣 1 分。

共计 10 分，扣完为止。如检查第 60 项时，发现安全带结构不完整或者功能不正常，则应在《二手车鉴定评估报告》或《二手车技术状况表》的技术状况缺陷描述中予以注明，并提示修复或更换前不宜使用。

表 2-5　驾驶舱和内饰检查项目作业表

代码	检查项目	A	C
50	车内是否无水泡痕迹	是	否
51	车内后视镜、座椅是否完整、无损、功能正常	是	否
52	车内是否整洁、无异味	是	否
53	转向盘自由行程转角是否小于 15°	是	否
54	车顶及周边内饰是否无破损、松动及裂缝和污迹	是	否
55	仪表板是否无划痕，配件是否无缺失	是	否
56	变速杆及护罩是否完好、无破损	是	否
57	储物盒是否无裂痕，配件是否无缺失	是	否
58	天窗是否移动灵活、关闭正常	是	否
59	门窗密封条是否良好、无老化	是	否
60	安全带结构是否完整、功能是否正常	是	否
61	驻车制动系统是否灵活有效	是	否
62	玻璃窗升降器、门窗工作是否正常	是	否
63	左、右后视镜折叠装置工作是否正常	是	否
64	其他	只描述缺陷，不扣分	

【任务实施】

小王在学习了驾驶舱和内饰的检查内容、检查要点及状态描述后，现对一辆二手车进行驾驶舱和内饰的检查，并填写二手车鉴定评估作业表，建议按以下步骤来完成任务。

步骤一　检查前准备。

准备好手电筒、拍照设备等仪器设备；准备好二手车鉴定评估作业表。

步骤二　检查驾驶舱和内饰。

对车辆驾驶舱和内饰进行检查，并完成如下二手车鉴定评估作业表。

代码	驾驶舱和内饰检查			扣分
50	车内是否无水泡痕迹	□是	□否	
51	车内后视镜、座椅是否完整、无损、功能正常	□是	□否	
52	车内是否整洁、无异味	□是	□否	
53	转向盘自由行程转角是否小于 15°	□是	□否	
54	车顶及周边内饰是否无破损、松动及裂缝和污迹	□是	□否	
55	仪表板是否无划痕，配件是否无缺失	□是	□否	
56	变速杆及护罩是否完好、无破损	□是	□否	

（续）

代码	驾驶舱和内饰检查			扣分
57	储物盒是否无裂痕，配件是否无缺失	□是	□否	
58	天窗是否移动灵活、关闭正常	□是	□否	
59	门窗密封条是否良好、无老化	□是	□否	
60	安全带结构是否完整、功能是否正常	□是	□否	
61	驻车制动系统是否灵活有效	□是	□否	
62	玻璃窗升降器、门窗工作是否正常	□是	□否	
63	左、右后视镜折叠装置工作是否正常	□是	□否	
64	其他			
合计扣分				

【任务评价】

请根据自己在本任务中的实际表现进行自评。

序号	评价标准	评分分值	得分
1	能够做到7S（整理、整顿、清洁、清扫、素养、安全、节约）	10	
2	能够理解和明确工作任务	10	
3	掌握工作相关知识及要点	20	
4	能够正确检查各项目	10	
5	能够正确进行状态判断及描述	10	
6	能够正确填写二手车鉴定评估作业表	20	
7	能够遵纪守法、按章办事	10	
8	初步具有一丝不苟、实事求是、精益求精的精神	10	
合计（总分100分）			

请指导教师检查、评价任务完成情况。

序号	检查项目	结果是否与实车实际相符	
		相符	不相符
1	各项目的检查情况（是否有遗漏项、检查不规范等）		
2	状态描述情况（判断及描述是否准确等）		
3	状态扣分情况（扣分是否准确）		
4	实事求是精神、诚实守信精神	□具备	□不具备
5	遵纪守法、按章办事意识	□具备	□不具备
6	一丝不苟、精益求精的工匠精神	□具备	□不具备
7	争做大国工匠、高技能人才意识	□具备	□不具备
对任务完成情况综合评价：□优秀　□良好　□中等　□及格　□不及格			

【拓展帮助】

1）国家标准 GB 7258—2017《机动车运行安全技术条件》中，关于转向盘最大自由转动量规定如下：

机动车转向盘的最大自由转动量应小于等于：

① 最大设计车速大于等于 100km/h 的机动车：15°。

② 三轮汽车：35°。

③ 其他机动车：25°。

2）国家标准 GB 7258—2017《机动车运行安全技术条件》关于转向盘转向力的规定：机动车在平坦、硬实、干燥和清洁的水泥或沥青道路上行驶，以 10km/h 的速度在 5s 内沿螺旋线从直线行驶过渡到直径为 25m 的车辆通道圆行驶，施加于转向盘外缘的最大切向力应小于等于 245N。

任务七　底盘的检查

【任务描述】

小王是某二手车鉴定评估公司的新员工，他在学习掌握了对车辆驾驶舱和内饰进行静态技术鉴定的方法后，现开始学习对二手车底盘进行静态技术鉴定的方法。

【任务目标】

通过本任务的学习，需要达成以下目标：

1）掌握底盘检查的内容。

2）掌握底盘检查的要点并能对底盘的状态进行正确描述。

3）具备一丝不苟、精益求精的工匠精神。

4）培养 7S（整理、整顿、清洁、清扫、素养、安全、节约）意识并在工作中执行。

【任务分析】

通过本任务的学习，可以初步完成对底盘的检查工作。要达成任务目标，可以按照以下流程进行：

1）学习底盘的检查内容、检查要点及状态描述等知识点。

2）进行底盘检查前的准备工作。

3）对底盘进行检查。

完成本任务需要准备的工作场景和设备有：理实一体化教室，汽车整车、举升机、安全帽、护目镜、手电筒、拍照设备、工作夹、纸和笔等。

完成本任务所需的知识详见相关知识中的各知识点。

【相关知识】

知识点一　底盘检查的内容

1. 发动机油底壳

发动机油底壳，油底壳放油螺栓。

2. 变速器

变速器壳体。

3. 转向机构

转向节臂球销、三角臂球销、横拉杆等。

4. 传动机构

传动轴、十字轴。

5. 前、后悬架

减振弹簧、减振器等。

6. 排气系统

三元催化转化器、消声器。

知识点二　底盘检查要点及状态描述

1. 发动机油底壳

检查发动机油底壳和油底壳放油螺栓区域是否有泄漏的痕迹，图 2-47 所示为油底壳有泄漏现象。

2. 变速器

检查变速器壳体是否有泄漏的痕迹。如图 2-48 所示，变速器壳体出现泄漏现象。

图 2-47　油底壳泄漏

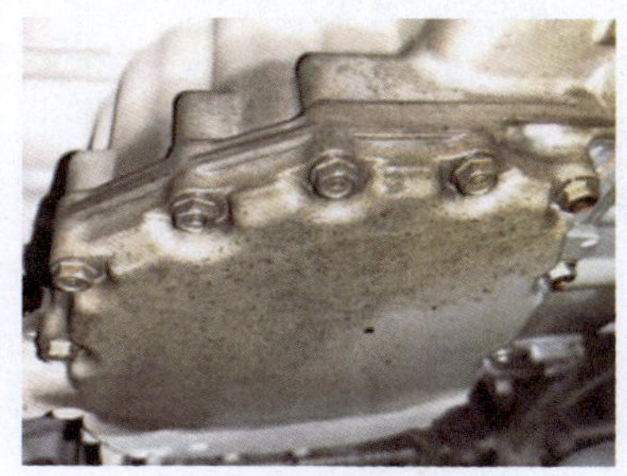

图 2-48　变速器壳体泄漏

3. 转向机构

检查转向节臂球销、三角臂球销、横拉杆等的连接部位是否松旷、变形，如图 2-49 所示。

4. 传动机构

检查传动轴十字轴有无裂纹或松动，传动轴是否弯曲等，如图 2-50 所示。

图 2-49　转向机构

图 2-50　传动轴

5. 前、后悬架

检查减振弹簧是否有裂纹、折断和疲劳失效现象，螺旋弹簧上、下支座有无变形损坏；减振器是否有漏油现象，上下连接处有无松动等，如图 2-51 所示。

6. 排气系统

检查排气系统的所有吊架是否在原位，三元催化转化器、消声器等是否更换过，如图 2-52 所示。

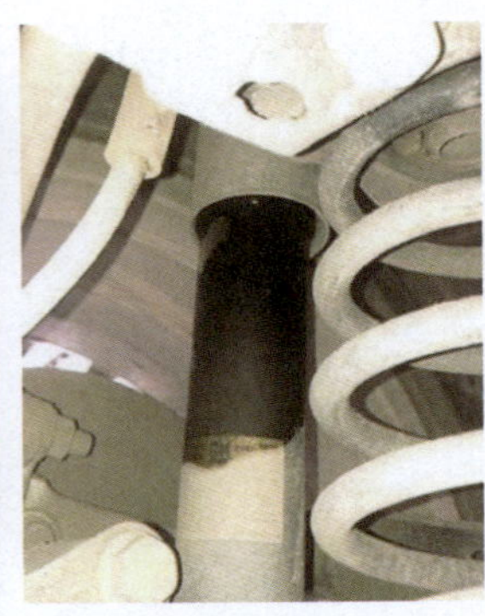

图 2-51　减振弹簧变形和减振器漏油现象

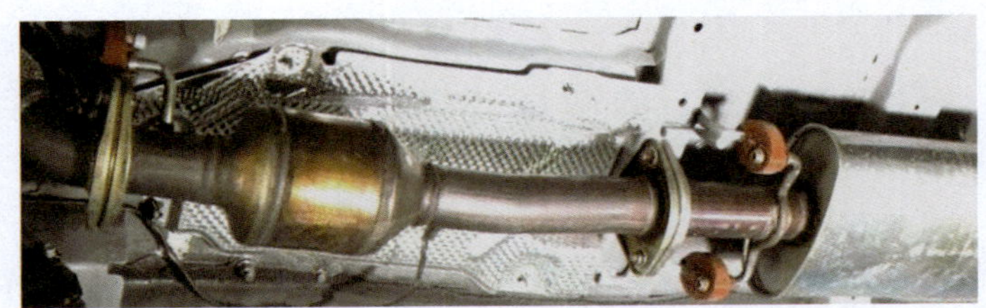

图 2-52　三元催化转化器、消声器及吊架

7. 底盘检查状态描述

底盘检查按表 2-6 要求，检查 8 个项目（代码 65~72）。

扣分标准：

1）选择 A 不扣分。

2）第 65、66 项，选择 C 扣 4 分。

3）第 67、68 项，选择 C 扣 3 分。

4）第 69、70、71 项，选择 C 扣 2 分。

共计 15 分，扣完为止。

表 2-6　底盘检查项目作业表

代码	检查项目	A	C
65	发动机油底壳是否无渗漏	是	否
66	变速器壳体是否无渗漏	是	否
67	转向节臂球销是否无松动	是	否
68	三角臂球销是否无松动	是	否
69	传动轴十字轴是否无松旷	是	否
70	减振器是否无渗漏	是	否
71	减振弹簧是否无损坏	是	否
72	其他	只描述缺陷，不扣分	

【任务实施】

小王在学习了底盘检查内容、检查要点及状态描述后，现对一辆二手车的底盘进行检查，并填写二手车鉴定评估作业表，建议按以下步骤来完成任务。

步骤一　检查前准备。

准备好手电筒、拍照设备等仪器设备；准备好二手车鉴定评估作业表。

步骤二　检查底盘。

对车辆底盘进行检查，并完成如下二手车鉴定评估作业表。

代码	底盘检查			扣分
65	发动机油底壳是否无渗漏	□是	□否	
66	变速器壳体是否无渗漏	□是	□否	
67	转向节臂球销是否无松动	□是	□否	
68	三角臂球销是否无松动	□是	□否	
69	传动轴十字轴是否无松旷	□是	□否	
70	减振器是否无渗漏	□是	□否	
71	减振弹簧是否无损坏	□是	□否	
72	其他			
合计扣分				

【任务评价】

请根据自己在本任务中的实际表现进行自评。

序号	评价标准	评分分值	得分
1	能够做到 7S（整理、整顿、清洁、清扫、素养、安全、节约）	10	
2	能够理解和明确工作任务	10	
3	掌握工作相关知识及要点	20	
4	能够正确检查各项目	10	
5	能够正确进行状态判断及描述	10	
6	能够正确填写二手车鉴定评估作业表	20	
7	能够遵纪守法、按章办事	10	
8	初步具有一丝不苟、实事求是、精益求精的精神	10	
合计（总分 100 分）			

请指导教师检查、评价任务完成情况。

序号	检查项目	结果是否与实车实际相符	
		相符	不相符
1	各项目的检查情况（是否有遗漏项、检查不规范等）		
2	状态描述情况（判断及描述是否准确等）		
3	状态扣分情况（扣分是否准确）		
4	实事求是精神、诚实守信精神，遵纪守法、按章办事意识	□具备	□不具备
5	争做大国工匠、高技能人才意识	□具备	□不具备
6	一丝不苟、精益求精的工匠精神	□具备	□不具备
对任务完成情况综合评价：□优秀　□良好　□中等　□及格　□不及格			

【拓展帮助】

依据中国汽车流通协会发布的 T/CADA 18—2021《乘用车鉴定评估技术规范》团体标准，底盘检查时还应检查元宝梁有无破损、松动、断裂和更换痕迹。

任务八 调表车的判别

【任务描述】

小王是某二手车鉴定评估公司的新员工，他在学习掌握了对车辆底盘进行静态技术鉴定的方法后，现开始学习对调表车进行判别的方法。

为了提高车辆的评估价值，有人将汽车高里程表调成低里程表，所以二手车鉴定评估师需掌握识别调表车的方法。

【任务目标】

通过本任务的学习，需要达成以下目标：

1）能够通过维护记录查询及保险单查看来判别调表车。

2）能够通过仪表板和内饰磨损情况来判别调表车。

3）能够通过轮胎和制动盘磨损情况来判别调表车。

4）培养诚实守信意识、培养实事求是精神，增强法律意识。

5）培养 7S（整理、整顿、清洁、清扫、素养、安全、节约）意识并在工作中执行。

【任务分析】

通过本任务的学习，可以初步完成对调表车的判别工作。要达成任务目标，可以按照以下流程进行：

1）学习判别调表车的方法等知识点。

2）进行判别调表车的准备工作。

3）对调表车进行判别。

完成本任务需要准备的工作场景和设备有：理实一体化教室，汽车整车、手电筒、拍照设备、工作夹、纸和笔等。

完成本任务所需的知识详见相关知识中的各知识点。

【相关知识】

知识点一 维修维护记录查询及保险单的查看

1. 查询维修维护记录

查询维修维护记录是比较直接的判断方法，这种方法适用于年份较新的车，一般这类车基本都会在 4S 店完成维修维护，所以可到该车辆品牌的 4S 店查询，也可在一些第三方汽车网站查询车辆的维修维护记录，以此来辨别车辆的行驶里程是否被调整过，如图 2-53 所示。

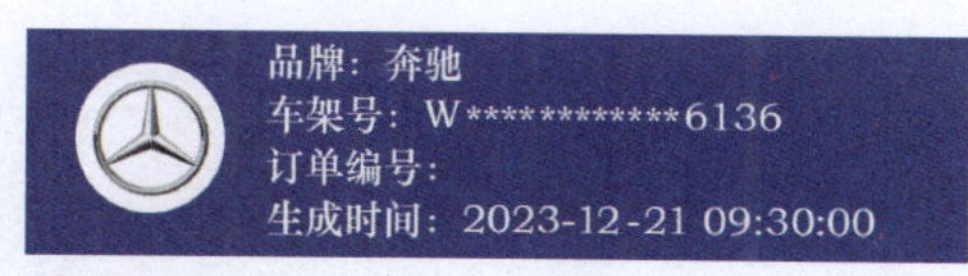
品牌：奔驰
车架号：W************6136
订单编号：
生成时间：2023-12-21 09:30:00

维保数据统计

最后进店里程数（公里）	101123
最后进店时间	2023-10-17

图 2-53　维修维护记录

2. 查看保险单

保险单上记录有车辆的年平均行驶里程，保险记录同样也会记录车辆的里程数，可根据这些记录来判别车辆是否是调表车。

知识点二　仪表板和内饰磨损情况检查

1. 检查仪表板

检查仪表板和中控台的连接接缝是否平整，是否存在拆卸过的痕迹。

2. 检查故障诊断仪接口

检查故障诊断仪接口是否出现松动或使用痕迹。此接口除正常修理外，平时一般不会触碰，因此内部常常存有灰尘。如果故障诊断仪接口非常干净，则车辆可能被修理过或调过表，如图 2-54 所示。

3. 检查内饰等的磨损

主要检查转向盘、制动踏板和加速踏板、车窗功能按键、中控台功能按键、座椅、变速杆、驻车制动杆、中央扶手箱和地毯脚垫的磨损程度等。

（1）检查转向盘　转向盘是驾驶人开车过程中触碰最多的部件之一，尤其是 3 点钟和 9 点钟方向的位置。转向盘的磨损程度能够直接反映车辆使用频率的高低，一般情况下行驶里程数较高的车辆，转向盘会有明显磨损或油光现象。如果转向盘中间磨损较重，而边缘却较新，行驶里程又很少，则说明转向盘有可能是后包的，鉴定时要仔细确认。

（2）检查制动踏板、加速踏板及离合器踏板　加速踏板使用频率最高，其次是制动踏板和离合器踏板，其磨损情况能较好地反映出车辆的行驶里程数，如图 2-55 所示。

图 2-54　故障诊断仪接口

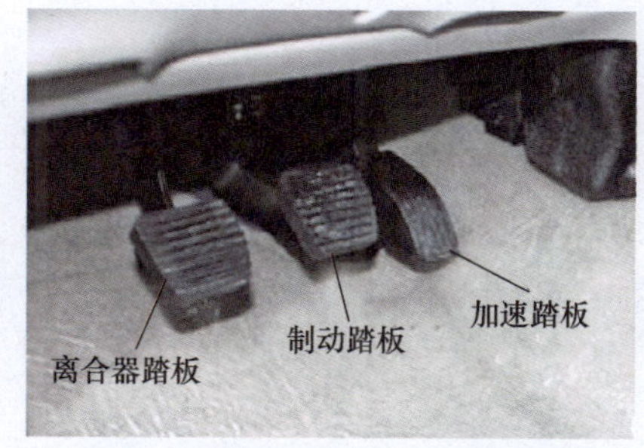

图 2-55　检查离合器踏板、制动踏板和加速踏板的磨损情况

（3）检查车窗功能按键　车窗功能按键的使用频率也较高，对于行驶里程数较高的车辆，车窗功能按键或周边区域会磨损严重，出现掉字、油光等现象，如图 2-56 所示。

（4）检查座椅　车辆座椅，特别是驾驶人座椅随着使用年限增加、里程数增长，会出现明显的印痕、褶皱、老化、塌陷，甚至掉皮和破损现象。

（5）检查变速杆和驻车制动杆　变速杆使用频繁，会出现磨光和严重磨损痕迹，变速杆防尘罩也会老化掉皮，如图 2-57 所示。如排档把手较旧，但防尘罩却较新，则该车辆可能已更换过防尘罩，鉴定时须仔细确认。

图 2-56　车窗功能按键及周边区域磨损

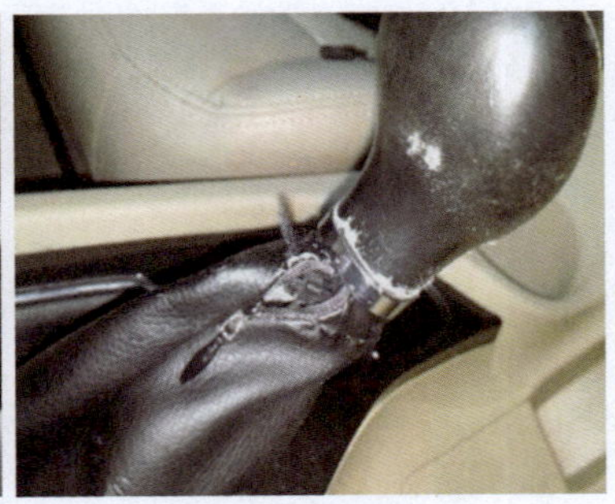

图 2-57　变速杆磨损及防尘罩老化掉皮

知识点三　轮胎和制动盘磨损情况检查

1. 检查轮胎

（1）观察轮胎磨损情况　通过轮胎的磨损程度可以粗略判断车辆的行驶里程，一般轮胎行驶 3 年或 5 万 ~8 万公里时应更换。

（2）观察轮胎的生产日期　查看轮胎生产日期是否略早于汽车的出厂日期；更换轮胎的次数也是判断车辆里程数的依据之一，通常更换轮胎都是成对地更换，所以如果发现四个轮胎品牌不同、时间差异较大，须仔细加以鉴别。如图 2-58 所示，通过轮胎上标注的数字“5016”，可知该轮胎的生产日期是 2016 年第 50 周。

图 2-58　轮胎生产日期

2. 检查制动盘

制动盘会随着使用时间增加、不断磨损而逐渐变薄，一般情况下，汽车制动盘更换周期为 10 万公里左右。

【任务实施】

小王在学习了调表车的判别方法后，现对一辆二手车是否为调表车进行检查和判别，并填写调表车判别作业表，建议按以下步骤来完成任务。

步骤一　判别前准备。

准备好手电筒、拍照设备等仪器设备；准备好判别调表车作业表。

步骤二　判别调表车。

对车辆进行检查，并完成如下调表车判别作业表。

判别调表车	是否为调表车	判别依据描述
查询维修维护记录	□是　□否	
查看保单和保险记录	□是　□否	
检查仪表板磨损情况	□是　□否	
检查内饰磨损情况	□是　□否	
检查轮胎磨损情况	□是　□否	
检查制动盘磨损情况	□是　□否	
其他情况	□是　□否	

【任务评价】

请根据自己在本任务中的实际表现进行自评。

序号	评价标准	评分分值	得分
1	能够做到7S（整理、整顿、清洁、清扫、素养、安全、节约）	10	
2	能够理解和明确工作任务	10	
3	掌握工作相关知识及要点	20	
4	能够正确检查各项目	10	
5	能够正确进行判别	10	
6	能够正确对判别依据进行描述	20	
7	能够遵纪守法、按章办事	10	
8	初步具有一丝不苟、实事求是、精益求精的精神	10	
合计（总分100分）			

请指导教师检查、评价任务完成情况。

序号	检查项目	结果是否与实车实际相符	
		相符	不相符
1	各项目的检查情况（是否有遗漏项、检查不规范等）		
2	状态描述情况（判别及描述是否准确等）		
3	实事求是精神、诚实守信精神，遵纪守法、按章办事意识	□具备	□不具备
4	争做大国工匠、高技能人才意识	□具备	□不具备
5	一丝不苟、精益求精的工匠精神	□具备	□不具备
对任务完成情况综合评价：□优秀　□良好　□中等　□及格　□不及格			

【拓展帮助】

车辆识别代号（VIN）是车辆的“身份证”，由17位组成，其中VIN的第10位代表车型年份，如下表所示，字母和数字循环使用，30年为一个周期。

年份	代码	年份	代码	年份	代码
2001	1	2011	B	2021	M
2002	2	2012	C	2022	N
2003	3	2013	D	2023	P
2004	4	2014	E	2024	R
2005	5	2015	F	2025	S
2006	6	2016	G	2026	T
2007	7	2017	H	2027	V
2008	8	2018	J	2028	W
2009	9	2019	K	2029	X
2010	A	2020	L	2030	Y

例如，图 2-59 所示为粘贴在车辆 B 柱上的车辆铭牌，该车 VIN 第 10 位为字母 B，则其生产时间为 2011 年。

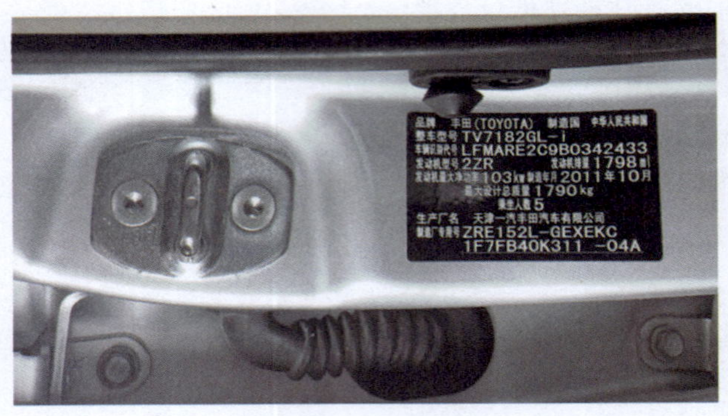

图 2-59 车辆铭牌

【思考提升】

1. 判断题

1）火烧车修复整备后，若没把真正的原因找出并排除，很容易再度发生。（　　）

2）泡水高度为确定受损程度的重要参数，泡水高度一般不以高度作为计量单位，而是汽车上重要的具体位置。（　　）

3）泡水车也叫灭顶车，是指整个车辆全部没入水中才叫灭顶车。（　　）

4）检查车身表面有无重新喷漆、补灰等现象，为鉴定车辆是否为事故车奠定基础。（　　）

5）轻度火烧车的火烧面积、严重程度都变大了，遗留在车身上的痕迹更多，更容易鉴别。（　　）

6）乘用车和挂车轮胎胎冠上花纹深度不得小于 1.2mm。（　　）

7）国家标准《机动车运行安全技术条件》规定：车体应周正，车体外缘左右对称部位高度差应小于等于 40mm。（　　）

8）最大设计车速大于等于 100km/h 的机动车，转向盘的最大自由转动量应小于等于 20°。（　　）

9）检查座椅调节功能时，只需检查座椅前后、上下调节功能，可以不检查座椅后倾角度。（　　）

10）汽车底盘受损概率大于车身，所以鉴定二手车时必须检查底盘。（　　）

11）当排气管支座发生损坏时，容易引起排气系统泄漏或产生噪声。（　　）

12）调表车扰乱了二手车市场的正常秩序，使得车辆的实际价值与价格脱节，消费者可能因此付出高于车辆实际价值的费用，所以应坚决予以抵制。（　　）

13）检查转向盘磨损时，尤其应重点检查 6 点钟和 12 点钟方向的位置。（　　）

14）汽车轮胎上数字“1023”表示轮胎生产日期是 2023 年 10 月。（　　）

15）汽车车窗玻璃上标明有“22…”，表示玻璃的生产日期是 2022 年 10 月。（　　）

2. 单选题

1）对判断车辆是否出过交通事故帮助最大的是（　　）。

A. 外观对称性　　B. 油漆质量　　C. 轮胎　　D. 玻璃

2）下列（　　）不属于重大事故车的状况。

A. 因撞击造成汽车安全气囊弹出的车辆　　B. 车身有划痕、补漆的车辆

C. 车辆 A、B、C 柱有切割、变形的车辆　　D. 纵梁有焊接、切割、整形的车辆

3）不属于火烧车的是（　　）。

A. 发动机有灼烧痕迹　　B. 各处电路新旧不一

C. 发动机大修　　D. 车内有烧焦味

4）下列（　　）不属于泡水车修复后常会发生的问题。

A. 发动机舱、驾驶舱出现霉斑及恶劣气味　　B. 底盘机械部件大面积锈蚀

C. 漆面发生凸起或凹陷　　D. 继电器、传感器插头存在泥沙

5）下面不属于事故车的是（　　）。

A. 泡水车　　B. 发动机因机械故障而大修的车辆

C. 严重碰撞或撞击的车辆　　D. 过火车辆

3. 多选题

1）下列关于泡水车危害的说法，正确的是（　　）。

A. 对汽车内部电子控制系统的损害较小　　B. 发动机进水会影响机油润滑效果

C. 地毯、座椅等因浸泡过久而变形　　D. 电路因潮湿导致线束短路

2）根据（　　）可以判断二手车是否是泡水车。

A. 气味　　B. 驾驶舱生锈痕迹

C. 发动机舱水渍　　D. 行李舱生锈痕迹

3）通常事故车的定义是经过（　　）等，即使恢复仍存在安全隐患的车辆总称。

A. 严重撞击　　B. 泡水　　C. 火烧　　D. 严重剐蹭

4）不可以判定车辆有过严重碰撞的是（　　）。

A. 更换过倒车镜　　B. 车辆大梁弯曲变形

C. 前翼子板补过漆　　D. 车门轻微剐蹭

5）判断二手车是否被火烧过的检查有（　　）。

A. 闻车内的味道　　B. 检查发动机舱　　C. 检查熔丝盒　　D. 检查线束

03

项目三

新能源二手车技术鉴定

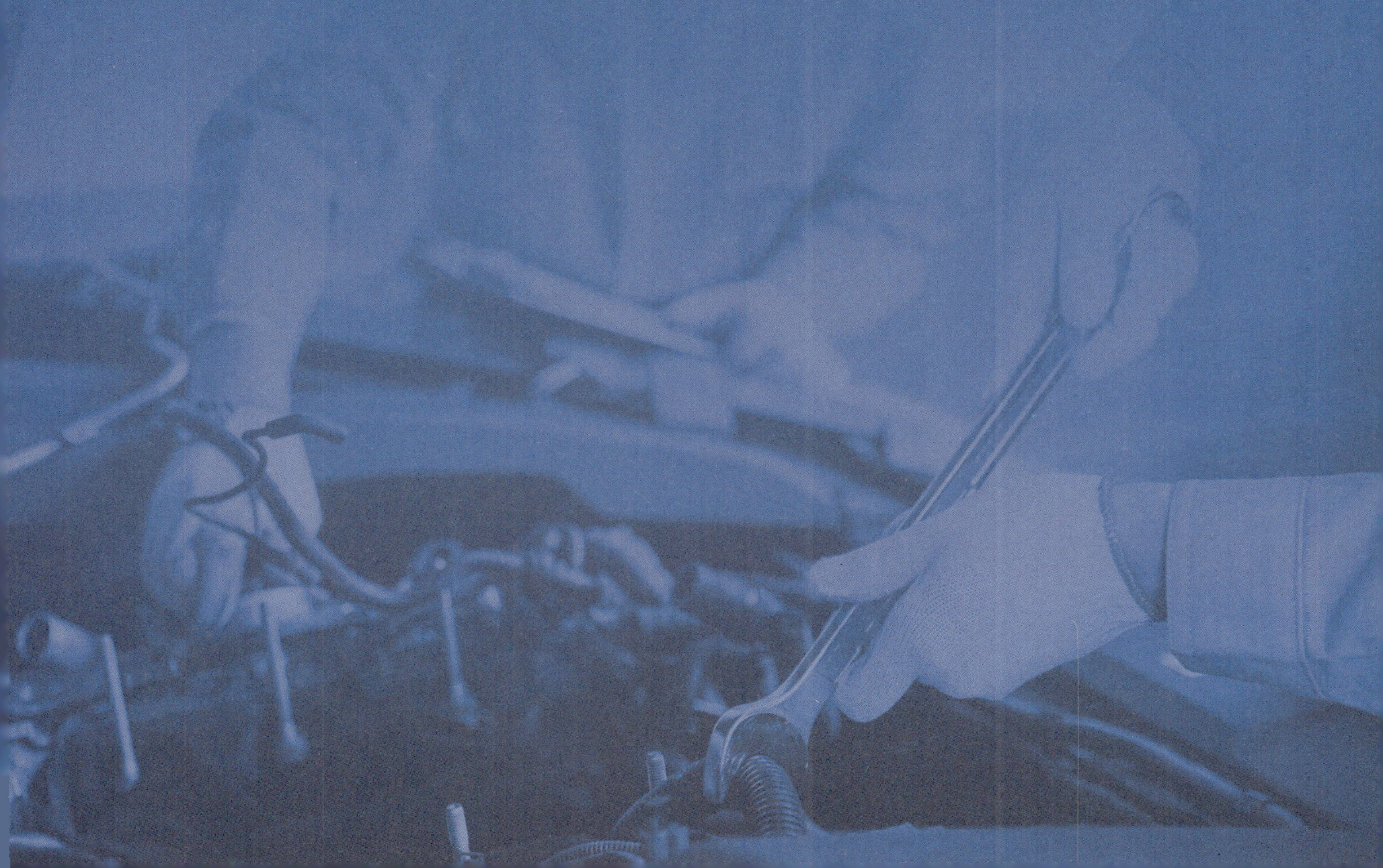

【项目描述】

新能源二手车技术鉴定主要参考燃油车的标准和规范，要对车辆事故、泡水和火烧情况进行排查，并检查车辆外观、发动机舱、行李舱、驾驶舱、内饰和底盘等项目，除此之外，还需要对新能源二手车的动力蓄电池、驱动电机和电控系统（简称“三电”）进行检查。

“三电”系统是新能源汽车的核心部分，动力蓄电池的质量和寿命、驱动电机的输出能力与电控系统的精准性直接影响到新能源汽车的安全性、可靠性、驾驶体验和使用寿命，所以在鉴定评估时需重点关注。

为了更好地完成相应教学任务、达成教学效果，本项目选取了动力蓄电池检查及评估、驱动电机及电控系统检查两个典型工作任务。

思维导图

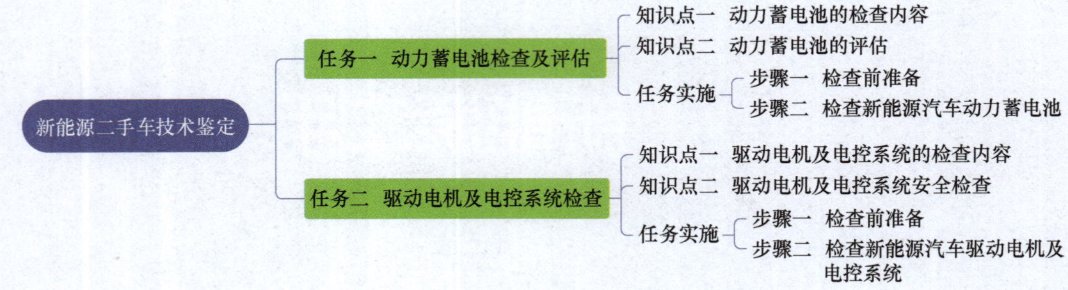

任务一　动力蓄电池检查及评估

【任务描述】

小王是某二手车鉴定评估公司的新员工，他在学习掌握了对燃油车进行静态技术鉴定的方法后，现开始学习对新能源汽车动力蓄电池进行检查和评估的方法。

【任务目标】

通过本任务的学习，需要达成以下目标：

1）掌握新能源汽车动力蓄电池检查的内容。

2）能对动力蓄电池进行评估。

3）提高安全生产意识，具备一丝不苟、精益求精的工匠精神。

4）培养 7S（整理、整顿、清洁、清扫、素养、安全、节约）意识并在工作中执行。

【任务分析】

通过本任务的学习，可以完成对新能源汽车动力蓄电池的初步检查工作。要达成任务目标，可以按照以下流程进行：

1）学习新能源汽车动力蓄电池的检查内容和评估方法等知识点。

2）进行新能源汽车检查前的准备工作。

3）对新能源汽车动力蓄电池进行检查。

完成本任务需要准备的工作场景和设备有：理实一体化教室，新能源汽车整车、举升机、安全帽、绝缘鞋、绝缘手套、手电筒、护目镜、拍照设备、工作夹、纸和笔等。

完成本任务所需的知识详见相关知识中的各知识点。

【相关知识】

知识点一　动力蓄电池的检查内容

1. 检查动力蓄电池箱与动力蓄电池系统

1）检查电池铭牌（电池厂家、型号、额定电压、额定容量 / 能量等）与出厂的基本数据是否一致。某款新能源汽车电池铭牌如图 3-1 所示。

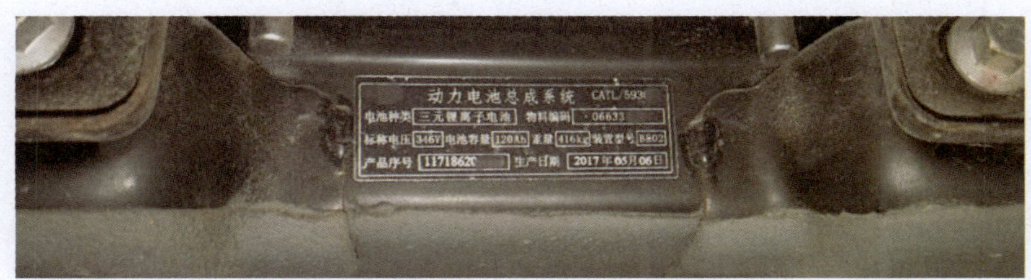

图 3-1　某款新能源汽车电池铭牌

2）检查动力蓄电池箱固定件是否有松动、破损和腐蚀现象。

3）检查动力蓄电池箱是否有碰撞变形、浸水、火烧和烟熏等痕迹。

4）检查动力蓄电池包搭铁线缆连接是否牢固。

5）检查动力蓄电池冷却系统管路是否有损坏、变形和渗漏等现象。

2. 检查插件和线束

1）检查动力蓄电池插件是否有松动、脱落、变形和腐蚀等现象。

2）检查充电插座是否有松动、脱落、变形和腐蚀等现象。

3）检查动力蓄电池高、低压线束及防护是否有破损、腐蚀等现象。

某款新能源汽车动力蓄电池插件和线束如图 3-2 所示。

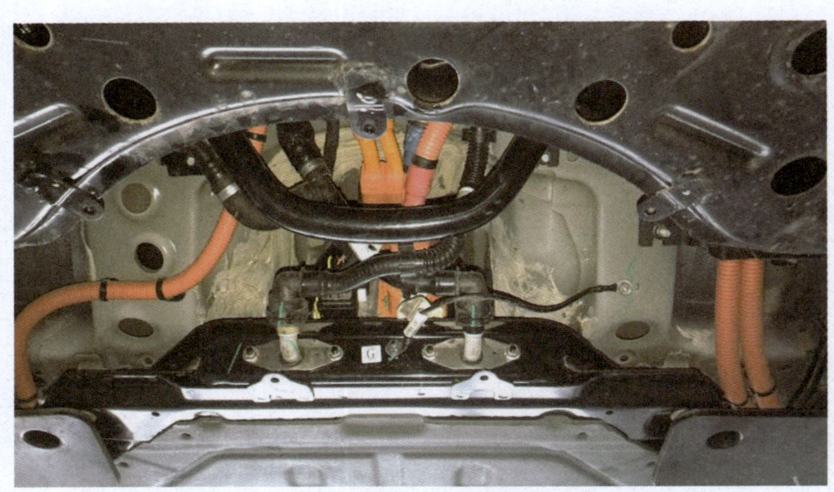

图 3-2　某款新能源汽车动力蓄电池插件和线束

知识点二　动力蓄电池的评估

1. 动力蓄电池性能的评估

1）检查车辆能否正常进行充电。

2）采用电量评估法测量动力蓄电池可充入电量，或者采用容量评估法测量动力蓄电池实际容量，并确认电池管理系统（Battery Management System，BMS）的功能是否正常。

2. 电池质保评价

电池质保评价通过电池质保评分来确定，即计算电池的剩余质保时间比和剩余质保里程比，取二者最小值作为评分依据。

电池质保评分 A 计算公式为

$$A=A_S\times 5\text{（保留 1 位小数）} \tag{3-1}$$

式中　A_S——电池质保评分系数：$A_S=\min(T_S, D_S)$，即 A_S 取 T_S 和 D_S 中的较小值。

其中

$$T_S=(T_{max}-T_c)/T_{max} \tag{3-2}$$

$$D_S=(D_{max}-D_c)/D_{max} \tag{3-3}$$

式中　T_S——剩余质保时间比，注意，如果 $T_c \geqslant T_{max}$，则 $T_S=0$；

D_S——剩余质保里程比，注意，如果 $D_c \geqslant D_{max}$，则 $D_S=0$；

T_{max}——电池质保时间，即厂家提供的电池质保时间；

T_c——电池使用时间，即车辆注册登记后的累计使用时间；

D_{max}——电池质保里程，即厂家提供的电池质保公里数；

D_c——行驶里程，即车辆当前的行驶公里数。

【任务实施】

小王在学习了对燃油车进行静态技术鉴定的方法后，现对一辆新能源二手车动力蓄电池进行初步的检查，并填写新能源二手车鉴定评估作业表，建议按以下步骤来完成任务。

步骤一　检查前准备。

准备好安全帽、绝缘鞋、绝缘手套、护目镜、手电筒、拍照设备等仪器设备，准备好新能源二手车鉴定评估作业表。

步骤二　检查新能源汽车动力蓄电池。

对新能源汽车动力蓄电池进行检查，并完成如下新能源二手车鉴定评估作业表。

检查项目	结果判断	具体描述
检查动力蓄电池铭牌与出厂的基本数据是否一致	□是　□否	
检查动力蓄电池箱是否有起火、腐蚀和浸水等痕迹	□是　□否	
检查动力蓄电池箱是否是原厂配件	□是　□否	
检查动力蓄电池箱固定件是否有松动、破损和腐蚀等现象	□是　□否	
检查电池冷却系统管路是否有损坏、变形和渗漏等现象	□是　□否	
检查动力蓄电池插件是否有松动、脱落、变形和腐蚀等现象	□是　□否	
检查充电插座是否有松动、脱落、变形和腐蚀等现象	□是　□否	
检查动力蓄电池高、低压线束及防护是否有破损、腐蚀等现象	□是　□否	
其他情况		

【任务评价】

请根据自己在本任务中的实际表现进行自评。

序号	评价标准	评分分值	得分
1	能够做到 7S（整理、整顿、清洁、清扫、素养、安全、节约）	10	
2	能够理解和明确工作任务	10	
3	掌握工作相关知识及要点	20	
4	能够正确检查各项目	10	
5	能够正确进行状态判断及描述	10	
6	能够正确填写新能源二手车鉴定评估作业表	20	
7	具有安全生产意识	10	
8	初步具有一丝不苟、实事求是、精益求精的精神	10	
合计（总分 100 分）			

请指导教师检查、评价任务完成情况。

序号	检查项目	结果是否与实车实际相符	
		相符	不相符
1	各项目的检查情况（是否有遗漏项、检查不规范等）		
2	状态描述情况（判断及描述是否准确等）		

（续）

序号	检查项目	结果是否与实车实际相符	
		相符	不相符
3	实事求是精神、诚实守信精神	□具备	□不具备
4	争做大国工匠、高技能人才意识	□具备	□不具备
5	安全生产意识	□具备	□不具备
6	一丝不苟、精益求精的工匠精神	□具备	□不具备
对任务完成情况综合评价：□优秀 □良好 □中等 □及格 □不及格			

【拓展帮助】

动力蓄电池实际电量（E_c）的测量方法

在室温（25℃ ±5℃）下按照以下顺序进行充电测试：

1）将动力蓄电池调整至车辆所能达到的最低 SOC。

2）将动力蓄电池充电至满电状态，记录充入的电量 E。

3）采用交流充电时，计算充入实际电量需考虑车载充电机的转换效率，实际电量 E_c 的计算公式为

$$E_c = E \times \text{车载充电机的转换效率} \tag{3-4}$$

任务二　驱动电机及电控系统检查

【任务描述】

小王是某二手车鉴定评估公司的新员工，他在学习掌握了对新能源汽车动力蓄电池进行检查和评估的方法后，现开始学习如何对新能源汽车驱动电机及电控系统进行初步检查。

【任务目标】

通过本任务的学习，需要达成以下目标：

1）掌握新能源汽车驱动电机及电控系统的检查内容。

2）能对驱动电机及电控系统进行安全检查。

3）提高安全生产意识，具备一丝不苟、精益求精的工匠精神。

4）培养 7S（整理、整顿、清洁、清扫、素养、安全、节约）意识并在工作中执行。

【任务分析】

通过本任务的学习，可以完成对新能源汽车驱动电机及电控系统的初步检查工作。要达成任务目标，可以按照以下流程进行：

1）学习新能源汽车驱动电机及电控系统的检查内容等知识点。

2）进行新能源汽车驱动电机及电控系统检查前的准备工作。

3）对新能源汽车驱动电机及电控系统进行检查。

完成本任务需要准备的工作场景和设备有：理实一体化教室，新能源汽车整车、举升机、安全帽、

绝缘鞋、绝缘手套、手电筒、护目镜、拍照设备、工作夹、纸和笔等。

完成本任务所需的知识详见相关知识中的各知识点。

知识点一　驱动电机及电控系统的检查内容

1. 检查驱动电机及电机控制器

1）检查是否有与动力蓄电池、驱动电机、电控系统、电气安全等有关的报警信号，如有，则应停止检查。

2）检查驱动电机、电机控制器的基本数据与车辆生产厂家数据是否相一致。

3）检查驱动电机和电机控制器表面是否有碰伤、划痕。

4）检查驱动电机冷却系统是否有液体渗漏、损坏现象。

5）检查驱动电机系统插件是否有松动、脱落、变形和腐蚀等现象。

某款新能源汽车机舱如图 3-3 所示。

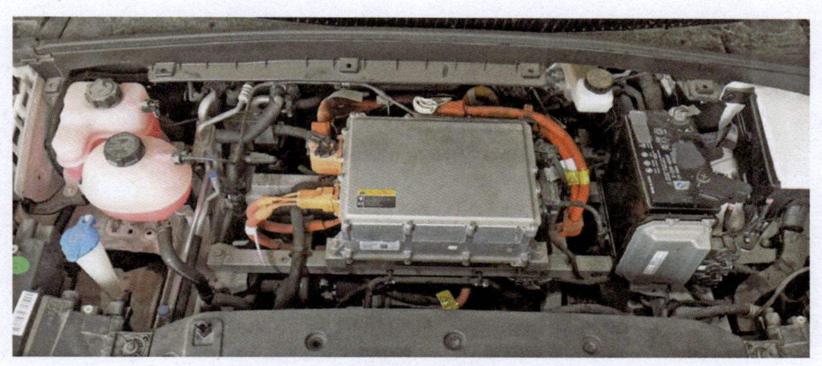

图 3-3　某款新能源汽车机舱

2. 检查线束及防护

1）检查驱动电机系统高压线束、低压线束及防护是否有破损、腐蚀等现象。

2）检查驱动电机和电机控制器安全接地是否合格。

知识点二　驱动电机及电控系统安全检查

驱动电机及电控系统安全检查的方法

在开展动力蓄电池安全（放电）检验期间进行驱动电机及电控系统的安全检查。

1）检验动力蓄电池安全（放电）时，将车辆停在汽车底盘测功机滚筒上，采用恒力控制方式加载。

2）使用诊断终端读取驱动电机温度、电机控制器温度，记录测试过程中出现的驱动电机最高温度、电机控制器最高温度。

3）使用诊断终端读取车辆 DC/DC 变换器温度，记录测试过程中出现的 DC/DC 变换器最高温度。

【任务实施】

小王在学习了对新能源汽车动力蓄电池进行技术鉴定的方法后，现对一辆新能源二手车的驱动电机及电控系统进行初步的检查，并填写新能源二手车鉴定评估作业表，建议按以下步骤来完成任务。

步骤一　检查前准备。

准备好安全帽、绝缘鞋、绝缘手套、护目镜、手电筒、拍照设备等仪器设备，准备好新能源二手车鉴定评估作业表。

步骤二　检查新能源汽车驱动电机及电控系统。

对新能源汽车驱动电机及电控系统进行检查，并完成如下新能源二手车鉴定评估作业表。

检查项目	结果判断	具体描述
检查是否有起火、腐蚀和浸水等痕迹	□是　□否	
检查驱动电机和电机控制器表面是否有碰伤、划痕	□是　□否	
检查驱动电机冷却系统是否有渗漏、损坏现象	□是　□否	
检查驱动电机系统插件是否有松动、脱落、变形和腐蚀等现象	□是　□否	
检查驱动电机系统高压线束、低压线束及防护是否有破损、腐蚀等现象	□是　□否	
检查驱动电机和电机控制器安全接地是否合格	□是　□否	
其他情况		

【任务评价】

请根据自己在本任务中的实际表现进行自评。

序号	评价标准	评分分值	得分
1	能够做到 7S（整理、整顿、清洁、清扫、素养、安全、节约）	10	
2	能够理解和明确工作任务	10	
3	掌握工作相关知识及要点	20	
4	能够正确检查各项目	10	
5	能够正确进行状态判断及描述	10	
6	能够正确填写新能源二手车鉴定评估作业表	20	
7	具有安全生产意识	10	
8	初步具有一丝不苟、实事求是、精益求精的精神	10	
合计（总分 100 分）			

请指导教师检查、评价任务完成情况。

序号	检查项目	结果是否与实车实际相符	
		相符	不相符
1	各项目的检查情况（是否有遗漏项、检查不规范等）		
2	状态描述情况（判断及描述是否准确等）		
3	实事求是精神、诚实守信精神	□具备	□不具备
4	争做大国工匠、高技能人才意识	□具备	□不具备
5	安全生产意识	□具备	□不具备
6	一丝不苟、精益求精的工匠精神	□具备	□不具备
对任务完成情况综合评价：□优秀　□良好　□中等　□及格　□不及格			

【拓展帮助】

检验动力蓄电池安全（充电）

1）按仪器设备使用说明，连接充电安全检验设备直流充电插头和车辆直流充电插座给车辆充电，持续充电时间不小于180s。

2）充电阶段，采集动力蓄电池最高温度、单体蓄电池最高电压，采集点时间间隔不大于250ms，记录充电过程中出现的最高温度、最高电压。

3）充电结束阶段，采集单体蓄电池最高电压、单体蓄电池最低电压，采集点时间间隔不大于250ms，计算单体蓄电池电压极差（单体蓄电池最高电压与单体蓄电池最低电压的差值）。

【思考提升】

判断题

1）新能源汽车“三电”指的是动力蓄电池、驱动电机和电控系统。（　）

2）新能源汽车BMS指的是动力蓄电池管理系统。（　）

3）新能源汽车常用驱动电机有永磁同步驱动电机、交流异步驱动电机等。（　）

4）检查新能源汽车时，当出现与动力蓄电池、驱动电机、电控系统和电气安全等有关的报警信号时，可以继续检查。（　）

5）电池质保评分系数A_S取剩余质保时间比T_S和剩余质保里程比D_S中的较大值。（　）

04

项目四

二手车动态技术鉴定

【项目描述】

二手车动态技术状况鉴定是指鉴定评估人员依靠专业技能和工作经验，检查车辆的动力性能、操纵性能、制动性能、滑行性能，以及噪声和废气污染物排放情况等，以鉴定车辆在行驶状态下的技术状况。二手车动态技术状况鉴定的主要目的是判断整车及各总成和零件性能指标的优劣，主要包括发动机工作性能检查和车辆路试检查。

为了更好地完成相应教学任务、达成教学效果，本项目分为发动机工作性能检查、车辆路试检查两个典型工作任务。

思维导图

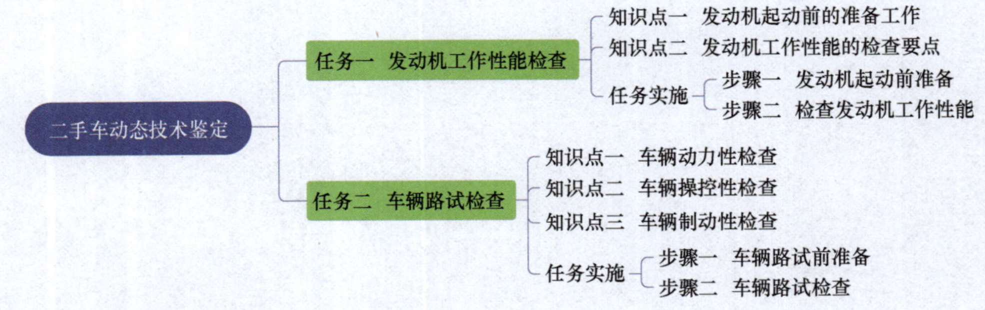

任务一　发动机工作性能检查

【任务描述】

小王是某二手车鉴定评估公司的新员工，他在完成对车辆的静态技术鉴定之后，紧接着要对车辆开展动态技术鉴定，以便更深入的检查车辆的技术状况，动态技术鉴定首先要检查发动机的工作性能。

【任务目标】

通过本任务的学习，需要达成以下目标：

1）了解发动机起动前准备工作的内容。

2）掌握发动机工作性能检查要点并能对发动机工作性能进行检查。

3）具备一丝不苟、精益求精的工匠精神。

4）培养 7S（整理、整顿、清洁、清扫、素养、安全、节约）意识并在工作中执行。

【任务分析】

通过本任务的学习，可以初步完成对发动机工作性能的检查工作。要达成任务目标，可以按照以下流程进行：

1）学习发动机起动前的准备工作、发动机工作性能的检查要点等知识点。

2）进行发动机起动前的准备工作。

3）对发动机工作性能进行检查。

完成本任务需要准备的工作场景和设备有：理实一体化教室，汽车整车、手电筒、照相机、工作夹、纸、笔等。

完成本任务所需的知识详见相关知识中的各知识点。

【相关知识】

知识点一　发动机起动前的准备工作

1. 检查机油

发动机起动前应打开机油加注口，检查机油油量和质量。

拔出机油标尺，检查油液高度，机油液位应该处于最高与最低液位之间；观察汽车底部的地面是否有渗漏的机油；如有条件可以检测气缸压力，查看是否因出现泄漏而给发动机部件造成损坏。

如图 4-1 所示，检查机油质量时可以拿出一张纸巾，擦拭机油标尺，观察机油颜色和杂质的情况，合格的机油一般为均匀透明的黏稠液体。

机油在使用过程中会氧化变质，加上零件磨损生成的金属磨粒和空气中的杂质进入油箱，以及燃油不完全燃烧的生成物进入机油，这些都会导致机油颜色加深，是正常现象。由于清洗系统中有积炭和油泥，因此在行驶 1000~2000km 后出现机油变黑现象，也属于正常现象。如果出现其他颜色则是不正常的现象。

假如发现机油的颜色变灰、变白或有乳化现象，如图 4-2 所示，则说明机油中混进了水。机油乳化，导致润滑不良，油泥生成量增加，会引起发动机腐蚀，严重的会造成烧瓦事故。如果发生此类现象则要重点检查一下车辆，可能是以下 3 种情况造成的。

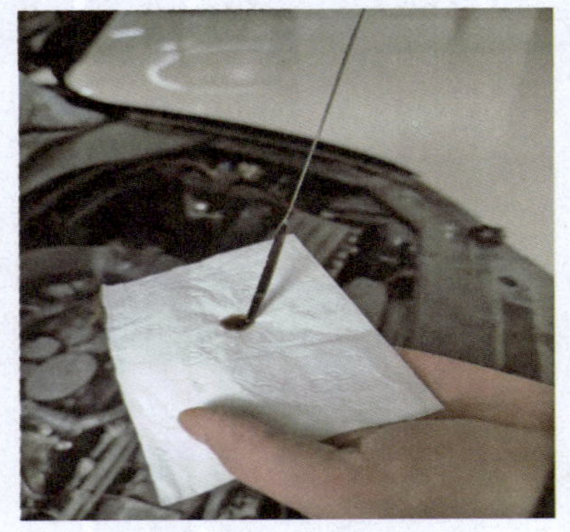

图 4-1　发动机机油检查

图 4-2　机油乳化现象

1）发动机内部渗漏，造成发动机冷却液混入机油，机油中含有水。

2）发动机曲轴密封不好，导致进水。

3）发动机温度低，燃烧尾气中的水分进入机油，得不到及时蒸发，在机油中沉积。

2. 检查蓄电池

首先检查蓄电池电压，蓄电池测量电压应高于 12V；其次要观察蓄电池电极桩头，检查其四周是否出现一些白色或绿色的粉末状氧化物质，如有出现，则说明蓄电池性能不良。

知识点二　发动机工作性能的检查要点

1. 起动性能

起动机起动发动机时，应在 3 次内起动成功，且每次起动时间不超过 5s，再次起动时间间隔要 10s 以上。若发动机不能正常起动，则说明发动机的起动性能不好。如果发动机无法起动，其原因主要是蓄电池电量不足、起动机自身存在问题、点火开关至起动机之间的电路工作不良，也可能是发动机内部运转阻力过大等。

如果起动时发动机在曲轴的带动下运转阻力正常，但起动仍很困难的话，对于汽油发动机，其主要原因可能是油路、电路、气路和机械部分四个方面，油路原因可能是不供油、混合气过稀或过浓；电路原因可能是点火系统点火不正时、火花塞火弱或无火；机械部分原因可能是气缸压缩压力过低。对于柴油发动机，除气缸压缩压力过低外，燃油中有水或空气，输油泵、喷油泵、喷油器工作不良，燃油系统管路堵塞等，都可能导致发动机起动困难。

2. 仪表和灯光

把点火开关打到“ON”的位置，不起动发动机，仪表上所有的警示灯都应该亮起，有些是亮起一两秒就熄灭，这是系统自检后自动熄灭，属正常现象，如图 4-3 所示。发动机起动后除驻车制动灯（未松驻车制动）、安全带警告灯（没系安全带）外，其余所有警示灯都应熄灭。行驶过程中所有警示灯都应熄灭，电控系统有问题警示灯才亮起，胎压不正常，胎压监控灯亮起。如有发现不正常情况，红色警告灯需要及时排查，黄色警告灯需要及时注意。车辆起动之后，绕车看一下灯光，如转向指示灯、制动灯、前照灯，看其工作是否正常。发动机运行过程中，在驾驶位还可以检查空调系统、座椅调节功能、车机系统（信息娱乐、车载通信、驾驶辅助等）是否正常。

3. 发动机怠速

发动机起动后，使其怠速运转，观察有无抖动。怠速运转 3~5min 后，如果车头仍有明显抖动，或怠速转速过高，或运转不稳定，则说明发动机怠速不良，如图 4-4 所示。

图 4-3　发动机仪表指示灯

图 4-4　发动机怠速不良

如果是汽油发动机，怠速不良的主要原因有：点火正时、气门间隙、配气正时或怠速调整不当，真空漏气；废气再循环装置或燃油蒸发排放装置不正常；点火系统或供油系统工作不正常；气缸压力过低或各缸压缩压力不一致等。

如果是柴油发动机，怠速不良的主要原因有：供油正时、气门间隙、配气正时或怠速调整不当；燃油中有水、气或燃油黏度不符合要求；高压油泵内部各缸柱塞、出油阀偶件及喷油器工况不一致，导致各缸喷油量或喷油压力不一致；气缸压力过低或各缸压缩压力不一致。

4. 空调功能

分别检查空调系统风量大小调节、方向调节、分区控制、自动控制和制冷工作等是否正常。空调控制面板如图 4-5 所示。

5. 发动机异响

在起动过程中，发动机不应出现尖叫声，怠速声音应均匀平稳、无异响。待机油压力、水温符合规定值时，轻踩加速踏板，使发动机转速缓缓提高，在此过程中应无杂音；当快速踩下加速踏板后，发动机动力提升的声音应顺畅无阻，应无“放炮”“回火”等现象，快速抬起加速踏板后，不应立即熄火，如图 4-6 所示。

图 4-5　空调控制面板

图 4-6　发动机异响检查

6. 排气颜色

汽油机正常工作时的排气是无色的；柴油机带负荷运转时，排气颜色一般为淡灰色。如果排气颜色为蓝色，但没有漏油，说明机油窜入燃烧室。若机油液面正常，可能原因有：一是气门油封老化，这种情形不需要大修，更换气门油封即可；二是活塞与气缸壁间隙过大，这种情形必须大修；三是气缸进气不畅，致使机油吸入燃烧室；四是带有涡轮增压的车辆，其涡轮增压器损坏。

如果排气管冒黑烟，主要原因是混合气过浓，点火时刻过迟等；如果排气管冒白烟，则表明燃烧室中有水，可能是气缸垫损坏或气缸壁有砂眼等所致。如果没有看出颜色上的差异，可以将手掌放在距离排气管 50mm 处来观察，如图 4-7 所示。

图 4-7　发动机尾气颜色检查

7. 发动机工作性能检查状态描述

发动机工作性能检查可按表 4-1 要求，检查 10 个项目（代码 73~82）。选择 A 不扣分，第 73、74 项选择C扣2分；第75项选择C扣1分；第76~79项，选择C扣0.5分；第80、81项选择C扣10分，共计20分，扣完为止。如检查第74项时发现仪表板指示灯显示异常或出现故障报警，则应查明原因，并在《二手车鉴定评估报告》或《二手车技术状况表》的技术状况缺陷描述中予以注明，优先选用车辆故障信息读取设备对车辆技术状况进行检测。

表4-1 发动机工作性能检查项目作业表

代码	检查项目	A	C
73	车辆起动是否顺畅（起动时间少于5s，或一次起动）	是	否
74	仪表板指示灯显示是否正常，无故障报警	是	否
75	各类灯光和调节功能是否正常	是	否
76	泊车辅助系统工作是否正常	是	否
77	防抱死制动系统（ABS）工作是否正常	是	否
78	空调系统风量调节、方向调节、分区控制、自动控制、制冷工作等是否正常	是	否
79	发动机在冷、热车状态下怠速运转是否稳定	是	否
80	怠速运转时发动机是否无异响，空档状态下逐渐增加发动机转速，发动机声音过渡是否无异响	是	否
81	车辆排气是否无异常	是	否
82	其他	只描述缺陷，不扣分	

【任务实施】

小王要为张先生的车辆做进一步的动态技术鉴定，首先要检查其车辆发动机的工作性能，建议按以下步骤来完成任务。

步骤一　发动机起动前准备。

检查机油质量，检查蓄电池电压等。

步骤二　检查发动机工作性能。

对车辆发动机工作性能进行检查，并完成如下二手车鉴定评估作业表。

代码	发动机工作性能检查			扣分
73	车辆起动是否顺畅（起动时间少于5s，或一次起动）	□是	□否	
74	仪表板指示灯显示是否正常，无故障报警	□是	□否	
75	各类灯光和调节功能是否正常	□是	□否	
76	泊车辅助系统工作是否正常	□是	□否	
77	防抱死制动系统（ABS）工作是否正常	□是	□否	
78	空调系统风量调节、方向调节、分区控制、自动控制、制冷工作等是否正常	□是	□否	
79	发动机在冷、热车状态下怠速运转是否稳定	□是	□否	
80	怠速运转时发动机是否无异响，空档状态下逐渐增加发动机转速，发动机声音过渡是否无异响	□是	□否	
81	车辆排气是否无异常	□是	□否	
82	其他			
合计扣分				

【任务评价】

请根据自己在本任务中的实际表现进行自评。

序号	评价标准	评分分值	得分
1	能够做到 7S（整理、整顿、清洁、清扫、素养、安全、节约）	10	
2	能够理解和明确工作任务	10	
3	掌握工作相关知识及要点	20	
4	能够使用正确的方式和工具检查	10	
5	能够正确检查发动机起动和工作性能	30	
7	能够遵纪守法、按章办事	10	
8	初步具有一丝不苟、精益求精的精神	10	
合计（总分 100 分）			

请指导教师检查、评价任务完成情况。

序号	检查项目	结果是否与实车实际相符	
		相符	不相符
1	起动前的准备工作		
2	起动检查		
3	仪表指示灯是否正常		
4	各类灯光和调节功能是否正常		
5	空调与车机系统是否正常		
6	发动机怠速是否正常		
7	检查发动机异响		
8	检查排气颜色		
9	检查过程中能规范进行 7S 管理	□具备	□不具备
10	遵纪守法、按章办事意识	□具备	□不具备
11	争做大国工匠、高技能人才意识	□具备	□不具备
12	一丝不苟、精益求精的工匠精神	□具备	□不具备
对任务完成情况综合评价：□优秀　□良好　□中等　□及格　□不及格			

【拓展帮助】

发动机机油类型

发动机机油通常采用 SAE 等级（根据黏度）分类，如图 4-8 所示。可参考车辆用户手册来选用机油。

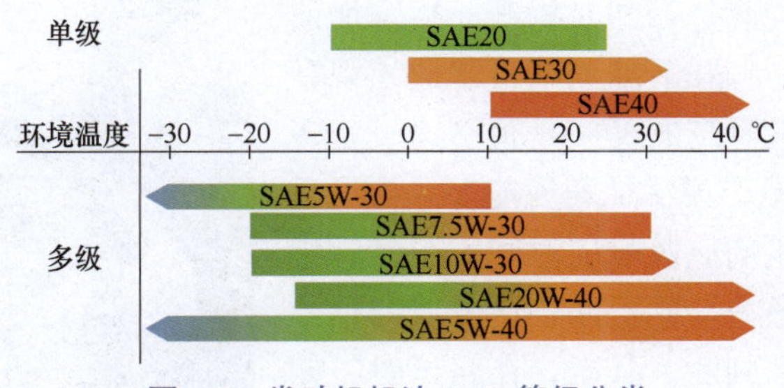

图 4-8　发动机机油 SAE 等级分类

任务二　车辆路试检查

【任务描述】

小王是某二手车鉴定评估公司的新员工，他在车辆动态技术鉴定中已完成了发动机的工作性能的检查，随后将对车辆开展路试，进一步检查车辆的动力性、操控性和制动性等，以便更全面地评估车辆的技术状况。

【任务目标】

通过本任务的学习，需要达成以下目标：

1）了解车辆路试检查的主要内容。

2）掌握检查车辆动力性、操控性和制动性的方法。

3）能够独立开展车辆路试检查的各项工作。

4）增强法律意识，具有遵纪守法、按章办事意识。

5）培养 7S（整理、整顿、清洁、清扫、素养、安全、节约）意识并在工作中执行。

【任务分析】

通过本任务的学习，可以完成对车辆的路试检查工作。要达成任务目标，可以按照以下流程进行：

1）学习车辆动力性、操控性和制动性的检查内容与方法等知识点。

2）进行车辆路试检查前的准备工作。

3）对车辆进行路试检查。

完成本任务需要准备的设备有：汽车整车、手电筒、照相机、工作夹、纸、笔等。

完成本任务所需的知识详见相关知识中的各知识点。

【相关知识】

知识点一　车辆动力性检查

1. 检查动力性

首先，在路试时，应选择能够长距离加速的开阔、良好路面，如图 4-9 所示。从发动机起动开始，原地起步加速行驶，待冷却液温度、机油温度达到正常值后，踩几下加速踏板，观察转速是否即时提升，猛踩加速踏板，观察提速是否敏感。一脚踩下加速踏板即放，观察转速增加的速度，检查发动机系统的反应是否迅速，若转速小于 2500r/min，则反应较慢，说明加速性能差。再通过各档位高转速运转，查看提速响应及响应时间。当然，排量不同、车龄的长短等都会影响车辆提速，这就要凭驾驶人对车辆提速的感觉及经验来判断。其次，在路试时，如条件允许，则检验车辆的高速性能，即车辆的高速行驶能

图 4-9　二手车路试

力及高速时的车辆稳定性。最后，在坡路上检查车辆爬坡是否有力。如果车辆使用时间长、磨损严重，则会造成发动机功率下降，上坡无力。

2. 检查动力传动性

（1）检查手动档车离合器　对于手动档车离合器，主要是检查起步时离合器是否平稳接合，分离彻底，是否存在发抖和异响。离合器常出现的故障主要是打滑和分离不彻底，这些都会造成起步困难、行驶无力、爬坡无力、变速器齿轮发出撞击声、起步抖动等。

（2）检查变速器　包括检查手动档变速器和自动档变速器。

1）检查手动档变速器，如图 4-10 所示。首先，在发动机熄火状态下，握住变速杆轻摇，检查是否有松旷现象；如果不松旷，在保证离合器正常工作的前提下，起动发动机进行汽车起步和路试换档试验，由低速档顺次换到高速档，再由高速档换到低速档。如果发现变速器不能正常挂进档位，或者挂上档位后又很难推回空档等，则说明变速器换档困难。其次，汽车在中高速行驶时，采用突然加减速的方法，检查是否跳档，产生跳档的原因是齿轮和齿套出现严重磨损，或因轴承松动而导致轴向间隙过大等。最后，观察变速器每个档位运行时是否有异响，如果有，则说明变速器的轴承磨损松旷或润滑不良等。

2）检查自动档变速器，如图 4-11 所示。对于自动档变速器，在路试时，还应进行换档质量的检查，检查换档时有无换档冲击。自动变速器的换档冲击应十分微弱，若换档冲击太大，则说明自动档变速器的控制系统或换档执行元件有故障，其原因可能是油路油压过高或换档执行元件打滑等。

图 4-10　手动档变速器检查

图 4-11　自动档变速器检查

（3）检查主减速器　在路试中，车速达到 40km/h 时，突然猛松加速踏板，随即猛踩加速踏板，观察主减速器是否发出特别大的声响。若声响很大，说明主减速器磨损严重。

知识点二　车辆操控性检查

1. 检查转向性能

如图 4-12 所示，将车辆停放在平坦路面上，左右转动转向盘，检查转向盘是否灵活、轻便。从中间位置向左或向右转动时，转向盘游动间隙不应该超过 15°。如果是带助力转向的车辆，最好在起动发动机后进行检查。在原地将转向盘从左到右打满，回位后再从右到左打满，看两次转向盘所转的圈数是否一致。

在路试时，检查转向是否沉重，转向轮受到小的外部干扰后能否自动回正。如果转向沉重或转向轮不能自动回正，则说明横拉杆、前车轴、车架可能有弯曲变形，或者前轮定位不准确，抑或者轮胎气压不足。车辆在转弯时，如果前轮发出“吱吱”响声，可能是转向系统或悬架有故障。以大约 50km/h 的车速在平坦的道路上行驶，双手短暂微离转向盘，如果车辆有摇摆，偏离了方向，表示车轮动平衡或转向系统可能存在故障。对于转向有助力的车辆，行驶转向时如果感到转向沉重，说明助力装置存在故障，原因可能是油路中有空气，或者是油泵压力不足，油路堵塞，抑或者是驱动打滑。

在路试时，如果发现前轮摆动、转向盘抖动，则说明转向系统的轴承可能松旷，横拉杆球头磨损松旷，轮毂轴承松旷，抑或者车架变形，前束过大；如果挂空档后松开转向盘出现跑偏，可能原因包括一侧悬架的减振器漏油、螺旋弹簧故障、前轮定位不好，或者是两边距不准确，还可能是车架受过碰撞而变形。直线行驶时，如发现有跑偏现象，则说明车辆可能存在以下四方面的问题：四轮定位需调整、胎压不均、动平衡不好或前梁发生过碰撞。前三项通过调整可恢复正常，而如果前梁被撞过就很难再恢复了，修理费用也很高。

图 4-12　转向性能检查

2. 检查滑行性能

在平坦的路面上做滑行试验，使车辆运行到 40km/h 时，将变速器变为空档滑行，根据经验，通过滑行距离估计汽车底盘传动系统的传动效率，以判断汽车的滑行性能，如图 4-13 所示。

3. 检查跑偏情况

车辆起步上路，以 20~30km/h 的速度直行时，不动转向盘，看汽车是否存在跑偏的现象，如图 4-14 所示。如果车辆有跑偏的现象，有可能是因为车架变形、悬架系统损坏变形、前轴变形和转向节松旷等。再以 50km/h 的速度行驶，迅速将制动踏板踩到底，观察车辆是否立即减速、停车，有无制动跑偏、甩尾的情况。如果制动跑偏，很可能是因为同一车轴左、右两个车轮制动力不等，其原因可能是轮胎气压不一致，或者是制动鼓（盘）与摩擦片间隙不均匀，抑或者是制动蹄片弹簧损坏等。

图 4-13　车辆滑行性能检查

图 4-14　跑偏情况检查

知识点三　车辆制动性检查

汽车一般装有两套制动系统：行车制动（脚刹）和驻车制动。对这两种制动系统的检查需特别仔细，毕竟性命攸关，不可掉以轻心。

1. 检查行车制动

在路试时，如果发现踩下制动踏板的位置很低，连续踩几脚后，踏板才逐渐升高，但仍感觉比较软，则说明制动管路内有空气；当第一脚踩下踏板时制动失灵，再继续踩踏板时制动良好，则说明踏板自由行程过大，或者摩擦片与制动鼓（盘）的间隙过大，抑或者制动管路中有气阻；如果有踩到棉花上的感觉，则可能是液压管路中有气体或泄漏情况；如果有踩到砖头的感觉，则可能是制动器组件损坏或真空助力器损坏。在路试时，如果以 20km/h 速度行驶，急踩制动踏板然后松开，不应出现跑偏迹象，制动时也不应有异响；松开转向盘制动，车辆应能保持原来的行驶方向；制动时，若发出“吱吱”响声，一般是制动盘、摩擦片或制动鼓、蹄片磨损不平所致。

如果配置了 ABS，且 ABS 正常，紧急制动时脚在制动踏板上能感觉到脉动。当汽车以 30~40km/h 的速度在各种路面上全力制动时，车轮不应抱死，直至汽车快要停住为止。特别是在紧急制动情况下，观察 ABS 有无响应，并且要分车速测试制动时车辆有无跑偏现象，这是常容易被忽视的一个环节。图 4-15 所示为车辆制动跑偏。

2. 检查驻车制动

如果在坡路上拉紧驻车制动后出现溜车现象，则说明驻车制动有故障，可能的原因是驻车制动器拉杆调整过长，或者是制动鼓（盘）与摩擦片间隙过大或有油污，亦或者是制动盘（鼓）与摩擦片接触不良，如图 4-16 所示。

图 4-15　车辆制动跑偏

图 4-16　驻车制动检查

【任务实施】

小王要为张先生的车辆继续做动态技术鉴定，将要开展路试检查，建议按以下步骤来完成任务。

步骤一　车辆路试前准备。

路试前确认车辆基础技术状况完好，车辆油、液、电等基础运行材料充足，并准备好路试相关的记录表格。选择道路交通条件良好的路段开展路试，如果驾驶技术不够娴熟，可以邀请经验丰富的司机陪同路试，确保测试过程安全无误。

步骤二　车辆路试检查。

按下表要求检查 10 个项目（代码 83~92），选择 A 不扣分（A：是），选择 C 扣 2 分（C：否），共计 15 分，扣完为止。如果检查第 88 项时发现制动系统出现制动距离长、跑偏等不正常现象，则应在《二手车鉴定评估报告》或《二手车技术状况表》的技术缺陷描述中予以注明，并提示修复前不宜使用。

代码	路试检查	A	C	扣分
83	发动机运转、加速是否正常	□是	□否	
84	车辆起动前踩下制动踏板，保持 5~10s，踏板无向下移动的现象	□是	□否	
85	踩住制动踏板起动发动机，踏板是否向下移动	□是	□否	
86	行车制动系最大制动效能在踏板全行程的 4/5 以内达到	□是	□否	
87	行驶是否无跑偏	□是	□否	
88	制动系统工作是否正常有效、制动不跑偏	□是	□否	
89	变速器工作是否正常、无异响	□是	□否	
90	行驶过程中车辆底盘部位是否无异响	□是	□否	
91	行驶过程中车辆转向系统是否无异响	□是	□否	
92	其他（只描述缺陷，不扣分）			
合计扣分				

【任务评价】

请根据自己在本任务中的实际表现进行自评。

序号	评价标准	评分分值	得分
1	能够做到 7S（整理、整顿、清洁、清扫、素养、安全、节约）	10	
2	能够理解和明确工作任务	10	
3	掌握工作相关知识及要点	20	
4	能够使用正确的方式和工具检查	10	
5	能够正确检查车辆的动力性	10	
6	能够正确检查车辆的操控性	10	
7	能够正确检查车辆的制动性	10	
8	能够遵纪守法、按章办事	10	
9	初步具有一丝不苟、精益求精的精神	10	
合计（总分 100 分）			

请指导教师检查、评价任务完成情况。

序号	检查项目	结果是否与实车实际相符	
		相符	不相符
1	路试前准备工作		
2	车辆动力性检查		
3	车辆动力传动性检查		
4	车辆转向性能检查		
5	车辆滑行性能检查		
6	车辆跑偏情况检查		
7	车辆行车制动性能检查		
8	车辆驻车制动性能检查		
9	检查过程中能规范进行 7S 管理	□具备	□不具备
10	遵纪守法、按章办事意识	□具备	□不具备
11	争做大国工匠、高技能人才意识；一丝不苟、精益求精的工匠精神	□具备	□不具备
对任务完成情况综合评价：□优秀　□良好　□中等　□及格　□不及格			

【拓展帮助】

根据 GB 7258—2017《机动车运行安全技术条件》，乘用车在规定的初速度下（50km/h）急踩制动时，从脚接触制动踏板时起至机动车停住时止，机动车驶过的距离：空载≤ 19m，满载≤ 20m。

【思考提升】

1. 判断题

1）急加速测试检查是从怠速状态中急踩油门提速，检查车辆提速是否顺畅无停滞。（　　）

2）直线加速测试主要检查换档是否顺畅，加速过程是否有异响等。（　　）

3）踩下制动踏板时，出现海绵感，表示制动管路进入空气，或制动油液泄漏，应停止测试。（　　）

4）测试车辆制动距离时应关闭车辆 ABS、ESP、EBD 等电子控制系统。（ ）

5）悬架系统性能检查需要车辆从起步档加速到高速档，再由高速档减至低速档。（ ）

2. 单选题

1）发动机怠速时转速一般为（ ）。

A. 800~1200r/min B. 500~900r/min C. 500~600r/min D. 300~500r/min

2）检查机油时，用一张白纸擦拭机油尺上的机油，一段时间机油颜色（ ）表示正常。

A. 变黑 B. 变灰 C. 变白 D. 有乳化现象

3）怠速尾气烟雾呈蓝色代表（ ）。

A. 发动机燃烧不充分 B. 发动机怠速不稳 C. 发动机烧机油 D. 排气管有漏气

4）直线跑偏测试时，一般车速控制在（ ）。

A. 20~30km/h B. 30~40km/h C. 大于 60km/h D. 小于 10km/h

5）自动档车型检查变速器应该以（ ）档起步。

A. S B. D C. L D. R

3. 多选题

1）发动机检测的主要内容包括（ ）。

A. 发动机功率检测 B. 发动机燃油消耗量检测

C. 发动机密封性能检测 D. 发动机异响检测

2）下列是转向系统技术状况检查方法的有（ ）。

A. 直线跑偏测试 B. 麋鹿测试 C. 8 字绕桩测试 D. 直角转弯测试

3）可能造成车辆跑偏的原因有（ ）。

A. 乘客乘坐不均 B. 车轮胎压不等

C. 前轮定位不好 D. 车辆一侧的减振器漏油

4）车辆制动检查的重点有（ ）。

A. 制动异常噪声 B. 制动距离 C. 制动踏板力度 D. 减速反应速度

5）车辆路试后应检查的泄漏情况有（ ）。

A. 漏水检查 B. 漏电检查 C. 漏气检查 D. 漏油检查

05 项目五

二手车价值评估

【项目描述】

为了更精准、更科学地评估二手车的价值，需要掌握二手车价值评估的常用方法，主要包括熟悉现行市价法、重置成本法、收益现值法和清算价格法，理解各类二手车价值评估方法的含义及适用范围，并能根据算例分析，进行独立地运用和计算，对二手车价值进行系统性的评估。

通过二手车价值评估，能够客观地对二手车的价值进行认定，为客户提供优质的服务和良好的体验，也为二手车的交易工作奠定良好的基础，保证后续工作的顺利开展。

为了更好地完成相应教学任务、达成教学效果，本项目选取了现行市价法评估、重置成本法评估、收益现值法评估和清算价格法评估四个典型工作任务。

思维导图

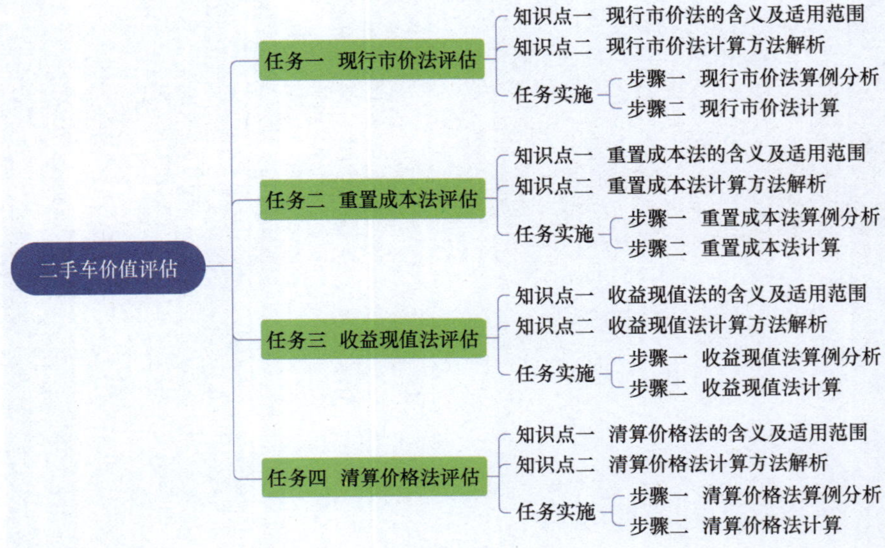

任务一　现行市价法评估

【任务描述】

根据客户陈先生委托，某二手车鉴定评估公司的新员工小王拟对陈先生拥有的一辆小型汽车进行二手车价值评估。

按照相关的法律、法规、资产评估准则、资产评估原则、技术规范和指导意见，以及相关的文件资料，遵守客观、公正、独立、科学的原则，通过制订相应的评估方案与工作计划，实施查勘检查等必要的评估程序。基于特定的评估假设与限制条件，小王采用现行市价法，对陈先生持有的小型客车，以2023年12月31日的市场价值进行评估。

【任务目标】

通过本任务的学习，需要达成以下目标：

1）掌握现行市价法的含义及适用范围。

2）掌握现行市价法评估的计算方法。

3）能够独立运用现行市价法对车辆进行评估。

4）树立客户利益至上的意识，具备科学、严谨、细致、认真的工作态度。

【任务分析】

通过本任务的学习，可以掌握现行市价法的评估原理及程序。要达成任务目标，可以按照以下流程进行：

1）学习现行市价法的含义、适用范围和计算方法等知识点。

2）了解评估目的，掌握评估车辆的基本情况。

3）运用现行市价法进行车辆价值评估。

完成本任务需要准备的工作场景和设备有：理实一体化教室，汽车整车、车辆相关信息、计算机、工作夹、纸、笔等。

完成本任务所需的知识详见相关知识中的各知识点。

【相关知识】

知识点一　现行市价法的含义及适用范围

1. 现行市价法含义、特点及影响因素

（1）含义　现行市价法又称市场法或市场价值比较法，是以市场最近售出的类似车辆为参照车辆，参照车辆可以是一台或几台车辆，将被评估车辆与参照车辆的构造、功能、性能、行驶里程、使用年限、新旧程度及交易价值等进行比较，找出两者的差别及其在价值上所反映的差额，经过适当调整，最终计算出被评估车辆的价值。

（2）特点　现行市价法包含了被评估二手车的各种贬值因素，如有形损耗的贬值、功能性贬值和经济性贬值。因为市场价值是综合反映车辆的各种因素的体现，所以因车辆的有形损耗及功能落后而造成的贬值自然会在市场价值中有所体现，因而现行市价法是二手车评估中最直接、最简单且最具有说服力的评估方法，它具有以下特点：

1）能反映目前二手车市场活跃情况，其评估的参数、指标等可直接从市场获得，评估值能反映二手车市场现实价值。

2）评估值容易被买卖双方理解和接受。

（3）影响因素

1）二手车交易市场是否活跃。市场活跃度直接影响现行市价评估法的准确性，如果二手车市场建立时间短、不完善，有些待评估车未在交易市场上出现过，那么用现行市价法评估就没有可比性。

2）评估车辆是否畅销。因为对畅销车型评估时，参照车容易寻找，且参照车辆的一些数据充分可靠。

3）使用及维护的影响。由于使用条件、维护水平的不同，会导致车辆技术状况的不同，因此可能造成二手车评估价值存在差异。

4）评估人员的能力。评估人员的从业经验和对车辆技术状况的鉴定能力，也将影响评估的公平、公正性。

2. 适用范围

现行市价法的运用首先必须以市场为前提，它是借助于参照物（该参照物与被评估车辆相同或相似）的市场成交价或变现价而运作的。因此，一个活跃和发达的车辆交易市场是现行市价法得以广泛运用的前提。

现行市价法适用的前提条件有两条：一是需要存在一个充分发育、活跃、公平的二手车交易市场；二是与被评估车辆相同或类似的车辆在市场上有一定的交易量，能够形成市场行情。

知识点二　现行市价法计算方法解析

在实际评估中，现行市价法又分为直接市价法和类比调整市价法。

1. 直接市价法及计算公式

直接市价法是指在市场上能找到与被评估车辆完全相同的参照车辆的现行市价，并将该车辆的价值直接作为被评估车辆的评估价值。

当被评估车辆与参照车辆完全相同时，被评估车辆的评估价值计算公式为

$$P_1=P_2 \tag{5-1}$$

式中　P_1——被评估车辆的评估价值（元）；

P_2——参照车辆的交易价值（元）。

说明：

参照车辆一般为畅销车型，市场保有量大、交易比较频繁。

当被评估车辆与参照车辆相近，即车辆类别相同、主参数相同、结构性能相同，只是生产序号不同，只作局部改动，交易时间相近时，可用直接市价法。

2. 类比调整市价法及计算公式

类比调整市价法是指评估二手车时，在公开市场上找不到与被评估车辆完全相同的参照车辆，只能找到与之相似的车辆作为参照车辆，再根据车辆技术状况和交易条件等数据对参照车辆的价值做出相应调整，综合比较来确定被评估车辆的评估价值。

类比调整市价法对参照车辆的条件要求不太严，只要求参照车辆与被评估车辆大体相同即可。主要对被评估二手车和参照车辆之间的差异进行分析、比较，并进行适当的量化，然后调整为可比的因素。主要差异一般体现在以下几点：

1）结构性功能的差异。车辆结构配置会对车辆的成交单价产生影响。比如，同类型的手动变速器车和自动变速器车，由于结构配置不同，成交价值也不同。

2）销售时间的差异。在选择参照物时，应尽可能地选择接近评估基准日成交的案例，以免去因销售时间的不同而引起的价值差异。

3）新旧程度的差异。在评估过程中，往往被评估车辆与参照车辆在新旧程度上不能完全一致，这时评估人员应对参照车辆和被评估车辆的新旧程度进行量化，即先算出参照车辆和被评估车辆的成新率，然后再计算出两种车的新旧差异量，公式如下：

$$\text{差异量} = \text{参照车辆价值} \times (\text{被评估车辆成新率} - \text{参照车辆成新率}) \tag{5-2}$$

4）销售数量的差异。销售数量大小会对车辆的成交单价产生影响。当被评估车辆是成批交易时，其参照车辆不应是单车，也应以成批交易车辆作为参照车辆；当被评估车辆是单车交易时，其参照车辆不应是成批交易车辆，也应以单车交易作为参照车辆。若没有对应的参照车辆时，评估人员应进行差异分析并适当调整，才能准确评估二手车价值。

5）付款方式的差异。对付款方式差异的调整，被评估车辆通常是以一次性付款方式为假定前提，若参照车辆采用分期付款方式则可按当期银行利率将各期分期付款额折现累加，即可得到分期付款总额。

将以上各种差异进行调整并量化，以适当的方式加以汇总，来确定被评估车辆的评估价值，类比调整市价法计算公式为

$$P_1=P_2 \pm \sum K \tag{5-3}$$

式中　P_1——被评估车辆的评估价值（元）；

P_2——参照车辆的交易价值（元）；

$\sum K$——各种差异调整量化值（元）。

【任务实施】

步骤一　现行市价法算例分析。

现对一辆某型小客车进行价值评估，因该车型市场保有量大、交易比较频繁，所以采用现行市价法进行评估。可选择 3 个近期成交的与被评估二手车类别和结构基本相同，技术经济参数相近的车辆作为参照车辆。

步骤二　现行市价法计算。

被评估车辆与参照车辆的技术经济参数见表 5-1。

表 5-1　被评估车辆与参照车辆的技术经济参数

序号	技术经济参数	参照车辆 Ⅰ	参照车辆 Ⅱ	参照车辆 Ⅲ	被评估二手车
1	车辆型号	A 型	B 型	B 型	B 型
2	销售条件	公开市场	公开市场	公开市场	公开市场
3	已使用时间	54 个月	52 个月	52 个月	52 个月
4	成新率（%）	70	72	73	73
5	交易数量	1	1	1	1
6	付款方式	现金	现金	现金	现金
7	物价指数	0.97	0.98	0.96	0.97
8	价格（万元）	9.2	10.7	10.8	求车辆评估值

评估如下：

（1）以参照车辆 Ⅰ 为参照对象作各项差异量化和调整

1）结构性能差异量化与调整：参照物Ⅰ为老式车型A，被评估车辆为新式车型B，评估基准日该项结构差异为0.3万元，其他新技术及结构调整为0.8万元，该项调整值为（0.8+0.3）×73%=0.8（万元）。

2）销售时间差异量化与调整：0.97÷0.97=1。

3）新旧程度差异量化与调整：9.2×（73%–70%）=0.276（万元）。

4）销售数量差异量化与调整：无差异，不调整。

5）付款方式差异量化与调整：无差异，不调整。

综上，将P_2=9.2，$\sum K$=0.8+0.276代入式（5-3），再考虑“销售时间差异量化与调整”（以车辆Ⅰ为参照时，调整系数为1），则：

评估值 =（9.2+0.8+0.276）×1=10.276（万元）

（2）以参照车辆Ⅱ为参照对象作各项差异量化和调整

1）结构性能差异量化与调整：参照车辆Ⅱ与被评估车辆结构完全一样，不调整。

2）销售时间量化差异与调整：0.97÷0.98 =0.99。

3）新旧程度差异量化与调整：10.7×（73%–72%）=0.107（万元）

4）销售数量差异量化与调整：无差异，不调整。

5）付款方式差异量化与调整：无差异，不调整。

评估值 =（10.7+0.107）×0.99=10.699（万元）

（3）以参照车辆Ⅲ为参照对象作各项量化和调整

1）结构性能差异量化与调整：参照车辆Ⅲ与被评估车辆结构完全一样，不调整。

2）销售时间量化差异与调整：0.97÷0.96=1.01

3）新旧程度差异量化与调整：成新率一样，不调整。

4）销售数量差异量化与调整：无差异，不调整。

5）付款方式差异量化与调整：无差异，不调整。

评估值 =10.8×1.01=10.908（万元）

综合参照车辆Ⅰ、参照车辆Ⅱ和参照车辆Ⅲ，被评估车辆的评估值为：（10.276+10.699+10.908）÷3=10.628（万元）。

【任务评价】

请根据自己在本任务中的实际表现进行自评。

序号	评价标准	评分分值	得分
1	能够理解现行市价法的含义	10	
2	能够理解现行市价法的适用范围	10	
3	掌握现行市价法的计算原理	10	
4	能够判断现行市价法的运用场景	10	
5	能够正确运用现行市价法进行二手车价值评估	30	
6	能够正确计算相关数据	10	
7	能够遵纪守法、按章办事	10	
8	初步具有一丝不苟、精益求精的精神	10	
合计（总分100分）			

请指导教师检查、评价任务完成情况。

序号	检查项目	结果是否达标	
		达标	不达标
1	能阐述现行市价法的含义		
2	能理解现行市价法的优缺点及适用范围		
3	能掌握现行市价法的算法原理		
4	能独立运用现行市价法进行评估		
5	遵纪守法、按章办事意识	□具备	□不具备
6	争做大国工匠、高技能人才意识	□具备	□不具备
7	一丝不苟、精益求精的工匠精神	□具备	□不具备
对任务完成情况综合评价：□优秀　□良好　□中等　□及格　□不及格			

【拓展帮助】

成新率可以用来衡量车辆的物理状况和技术水平，使用年限法是一种最直接的衡量方式，计算公式为：成新率 =（1– 已使用年限 / 规定使用年限）× 100%。其中，规定使用年限是按照国家最新发布的汽车报废标准规定的使用年限确定，且已使用年限需要考虑到正常使用时间和使用强度等因素。

任务二　重置成本法评估

【任务描述】

某二手车鉴定评估公司的新员工小王在掌握了用现行市价法评估车辆后，现开始学习用重置成本法评估车辆。

【任务目标】

通过本任务的学习，需要达成以下目标：

1）掌握重置成本法的含义及适用范围。

2）掌握重置成本法评估的计算方法。

3）能够独立运用重置成本法对车辆进行评估。

4）树立客户利益至上的意识，具备科学、严谨、细致、认真的工作态度。

【任务分析】

通过本任务的学习，可以掌握重置成本法的评估原理及程序。要达成任务目标，可以按照以下流程进行：

1）学习重置成本法的含义、适用范围和计算方法等知识点。

2）了解评估目的、掌握评估车辆的基本情况。

3）运用重置成本法进行车辆价值评估。

完成本任务需要准备的工作场景和设备有：理实一体化教室，汽车整车、车辆相关信息、计算机、工作夹、纸、笔等。

完成本任务所需的知识详见相关知识中的各知识点。

【相关知识】

知识点一　重置成本法的含义及适用范围

1. 重置成本法含义、特点及影响因素

（1）含义　重置成本法是指在现时市场条件下，重新购置一辆全新状态的被评估车辆所需的全部成本（重置全价）与被评估车辆的各种贬值总和的差额。车辆的贬值一般体现在实体性贬值、功能性贬值及经济性贬值上。

（2）特点　用重置成本法评估车辆时，充分地考虑了车辆的各方面损耗，反映了车辆市场价值的变化，对交易双方来讲都公平合理。确定成新率时，能综合考虑车辆的技术车况和配置以及车辆使用情况，评估过程有理有据，交易双方对评估结果的信任度较高。但是，评估工作量较大，确定成新率时主观因素影响较大，且对极少数车辆，不易查询到现时市场报价，因此很难确定车辆的重置成本。

（3）影响因素

1）市场价值的影响。

2）车辆有形耗损的影响。

3）车辆无形耗损的影响。

4）外界因素对车辆的影响。

2. 适用范围

重置成本法适用的前提是车辆处于在用状态，一方面反映车辆已经投入使用，另一方面反映车辆能够继续使用，对所有者具有使用价值。重置成本法既充分考虑了被评估二手车的重置全价，又考虑了二手车已使用年限内的磨损以及功能性、经济性贬值，因而被广泛采用，尤其在中高级车辆评估中应用比较广泛。

知识点二　重置成本法计算方法解析

1. 重置成本法及计算公式

1）当无任何参照物时使用重置成本法，见公式（5-4）：

$$W=Re \tag{5-4}$$

式中　W——车辆评估价值（元）；

R——更新重置成本（元）；

e——综合成新率（%）。

更新重置成本为相同型号、配置的新车在评估基准日的市场零售价格。

2）综合成新率计算方法，见公式（5-5）：

$$e=y\alpha+t\beta \tag{5-5}$$

式中　e——综合成新率（%）；

y——年限成新率（%）；

t——技术鉴定成新率（%）；

α——年限成新率系数；

β——技术鉴定成新率系数。

其中：$\alpha+\beta=1$；

$y\alpha$——相当于经济性陈旧贬值后，车辆剩余的价值率（%）；

$t\beta$——相当于实体性陈旧贬值与功能性陈旧贬值后，车辆剩余的价值率（%）。

3）年限成新率计算方法，见公式（5-6）：

$$y=\frac{N}{n} \tag{5-6}$$

式中　y——年限成新率（%）；

N——预计车辆剩余使用年限（年）；

n——车辆使用年限（年）（注意：非营运乘用车使用年限按 15 年计算，超过 15 年的按实际年限计算；营运车辆、有使用年限规定的车辆按实际要求计算）。

4）技术鉴定成新率计算方法，见公式（5-7）：

$$t=\frac{X}{100} \tag{5-7}$$

式中　t——技术鉴定成新率（%）；

X——车辆技术状况分值。

2. 应用重置成本法的前提条件

1）购买者对拟进行交易的评估对象，不改变原来用途。

2）评估对象的实体特征、内部结构及其功能效用必须与假设重置的全新资产具有可比性。

3）评估对象必须是可再生、可复制的，不能再生、复制的评估对象不能采用重置成本法。

4）评估对象必须是随着时间的推移，具有陈旧贬值性的资产，否则就不能运用重置成本法进行评估。

【任务实施】

步骤一　重置成本法算例分析。

现有一辆某车型二手车，有关信息如下：

同车型的新车销售价格（含增值税）为 96000 元，增值税率 13%，车辆购置税税率 10%，牌照费 500 元，已使用年限 90 个月，年限成新率系数 0.4，车辆技术鉴定 85 分。

该车技术状况明确，再结合其他因素拟运用重置成本法进行价值评估。

步骤二　重置成本法计算。

评估过程如下：

1）车辆购置税 = 新车销售价格（含增值税）/（1+ 增值税率）× 车辆购置税税率

= 96000/（1+13%）× 10%= 8495.58（元）

2）更新重置成本 = 新车销售价格（含增值税）+ 车辆购置税 + 牌照费

= 96000+8495.58+500

= 104995.58（元）

3）年限成新率 =（1– 已使用年限 / 规定使用年限）× 100%=50%

4）技术鉴定成新率 = 车辆技术状况分值 /100 × 100%=85%

5）综合成新率 = 年限成新率 × 年限成新率系数 + 技术鉴定成新率 × 技术鉴定成新率系数

= 0.5 × 0.4+0.85 × 0.6=71%

6）评估价格 = 更新重置成本 × 综合成新率 =104995.58 × 0.71=74546.86（元）

【任务评价】

请根据自己在本任务中的实际表现进行自评。

序号	评价标准	评分分值	得分
1	能够理解重置成本法的含义	10	
2	能够理解重置成本法的适用范围	10	
3	掌握重置成本法的计算原理	10	
4	能够判断重置成本法的运用场景	10	
5	能够正确运用重置成本法进行二手车价值评估	30	
6	能够正确计算相关数据	10	
7	能够遵纪守法、按章办事	10	
8	初步具有一丝不苟、精益求精的精神	10	
合计（总分 100 分）			

请指导教师检查、评价任务完成情况。

序号	检查项目	结果是否达标	
		达标	不达标
1	能阐述重置成本法的含义		
2	能理解重置成本法的优缺点及适用范围		
3	能掌握重置成本法的算法原理		
4	能独立运用重置成本法进行评估		
5	遵纪守法、按章办事意识	□具备	□不具备
6	争做大国工匠、高技能人才意识	□具备	□不具备
7	一丝不苟、精益求精的工匠精神	□具备	□不具备
对任务完成情况综合评价：□优秀　□良好　□中等　□及格　□不及格			

【拓展帮助】

重置成本法与现行市价法的联系与区别

（1）重置成本法与现行市价法的联系　决定重置成本的因素与决定现行市价的最基本因素相同，即现有条件下生产功能相同的车辆所花费的社会必要劳动时间。但是现行市价的确定还需考虑其他与市场相关的因素，一是车辆功能的市场性，即车辆的功能能否得到市场认可；二是市场供求关系的影响。

（2）重置成本法与现行市价法的区别　现行市价以市场价格为依据，车辆价格受市场因素约束，并且其评估值直接受市场检验，而重置成本只是在模拟条件下重置车辆的现行价格。

重置成本法是将被评估车辆与全新车辆进行比较的过程，而且，比较侧重于性能方面。比如，当评估一辆旧汽车时，首先要考虑重新购置一台全新的车辆需花多少成本，同时还需进一步考虑二手车的陈旧状况和功能、技术情况。只有当这一系列因素充分考虑周到后，才可能给二手车定价。而上述过程都涉及与全新车辆的比较，没有比较就无法确定二手车的价格。

现行市价法的出发点更多地表现在价格上。由于现行市价法比较侧重价格分析，因此对现行市价法的运用十分强调市场化程度。如果市场很活跃，参照物很容易取得，那么运用现行市价法所取得的结论就会更可靠。现行市价法的这种比较性，相对于重置成本法而言，其条件更为广泛。

任务三　收益现值法评估

【任务描述】

现有一辆出租车欲转让，客户张先生欲购入此车作为载客运营，现委托某二手车鉴定评估公司的新员工小王来评估该车价值。

【任务目标】

通过本任务的学习，需要达成以下目标：

1）掌握收益现值法的含义及适用范围。

2）掌握收益现值法评估的计算方法。

3）能够独立运用收益现值法对车辆进行评估。

4）树立客户利益至上的意识，具备科学、严谨、细致、认真的工作态度。

【任务分析】

通过本任务的学习，可以掌握收益现值法的评估原理及程序。要达成任务目标，可以按照以下流程进行：

1）学习收益现值法的含义、适用范围和计算方法等知识点。

2）了解评估目的，掌握评估车辆的基本情况。

3）运用收益现值法进行车辆价值评估。

完成本任务需要准备的工作场景和设备有：理实一体化教室，汽车整车、车辆相关信息、计算机、工作夹、纸、笔等。

完成本任务所需的知识详见相关知识中的各知识点。

【相关知识】

知识点一　收益现值法的含义及适用范围

1. 收益现值法含义、特点及影响因素

（1）含义　收益现值法是指估算被评估车在剩余寿命期内的预期收益，并折现为评估基准日的现值，即为二手车的评估值。

（2）特点　用收益现值法评估车辆时，一般都与投资决策相结合，容易被二手车买卖双方接受，同时，评估值能较准确地反映车辆本金化的价值。但是，预期收益额的预测难度较大，以及受买卖双方主观判断和未来不可预见因素的影响较大。

（3）影响因素

1）被评估车辆继续运营和获利的能力。

2）被评估车辆预期获利年限及预期收益的预测值。

3）被评估车辆在剩余寿命期内所担风险的预测值。

2. 适用范围

收益现值法适用的前提条件是被评估车辆具有独立的、能连续用货币计量的可预期收益，即车辆投入使用后可连续获利。由于在车辆的交易中，买家购买的目的不在于车辆本身而是车辆的获利能力，因此，该方法较适于从事营运车辆的评估。

知识点二　收益现值法计算方法解析

1. 收益现值法及计算公式

用收益现值法计算二手车评估值，就是对被评估二手车未来预期收益进行折现的过程。二手车的评估值等于剩余寿命期内各收益期的收益折现值之和。若收益期的收益折现值不同，其计算公式为

$$P=\sum_{t=1}^{n}\frac{A_t}{(1+i)^t} \tag{5-8}$$

式中　P——评估值（元）；

A_t——未来第 t 个收益期的预期收益额（元）；

n——收益年期（年），指从评估基准日到二手车报废日之间的年限（即二手车剩余使用寿命年限）；

i——折现率（%）；

t——收益期（年）。

2. 收益现值法评估的程序

1）调查了解营运车辆的经营行情，营运车辆的消费结构。

2）充分调查了解被评估车辆的情况和技术状况。

3）根据调查了解的结果，预测车辆的预期收益，确定折现率。

4）将预期收益折现处理，确定车辆评估值。

【任务实施】

步骤一　收益现值法算例分析。

现有一辆出租车欲转让，客户张先生欲购入此车作为载客运营，该车技术状况正常，已使用年限 4 年，每年营运天数 350 天，年毛收入 28 万元，年各项税费 3.5 万，年油费 7 万元，维修维护、保险等常规费用 3.6 万元，驾驶人劳务等 8 万元，试评估该车价值。

根据车辆情况，现采用收益现值法来评估车辆价值。

步骤二　收益现值法计算。

1）该车已使用 4 年，规定使用年限为 8 年，所以剩余使用年限 n=4 年。

2）该车每年带来预期收入 A=28−3.5−7−3.6−8=5.9（万元）。

3）根据目前银行储蓄和贷款利率、债券、行业收益等情况，确定资金预期收益率为 10%，风险报酬率为 5%，则折现率为 i=10%+5%=15%。

4）根据式（5-8），n=4，$A_1=A_2=A_3=A_4$=5.9，经计算，评估值 P=16.84（万元）。

【任务评价】

请根据自己在本任务中的实际表现进行自评。

序号	评价标准	评分分值	得分
1	能够理解收益现值法的含义	10	
2	能够理解收益现值法的适用范围	10	
3	掌握收益现值法的计算原理	10	
4	能够判断收益现值法的运用场景	10	

B. 被评估车辆预期获利年限及预期收益的预测值

C. 被评估车辆在剩余寿命期内所担风险的预测值

D. 被评估车辆的行驶里程

4）清算价格法评估车辆价值具有的特点是（　　）。

A. 被评估车辆附有企业破产处理文件　　B. 被评估车辆附有抵押合同

C. 被评估车辆可以快速出售变现　　D. 被评估车辆成新率较高

5）清算价格法一般适用于（　　）。

A. 企业被迫停业或破产　　B. 资产抵押

C. 停业清理　　D. 急于将车辆拍卖、出售

06

项目六

二手车鉴定评估报告撰写

【项目描述】

对被委托车辆的价值进行评估和估算后，需要通过报告的形式提出意见。二手车鉴定评估报告是按照评估工作制度的规定，在完成评估工作后向委托方和有关方提交的说明车辆评估过程和结果的书面报告，是二手车鉴定评估的结论性文件，也是具有法律效应的证明。

通过本项目的学习，熟悉撰写二手车鉴定评估报告的基本要求、基本内容及撰写步骤，并在车辆鉴定与评估后，能依据所掌握资料独立撰写二手车鉴定评估报告。

为了更好地完成相应教学任务、达成教学效果，本项目选取了掌握二手车鉴定评估报告的认知和二手车鉴定评估报告的撰写两个典型工作任务。

思维导图

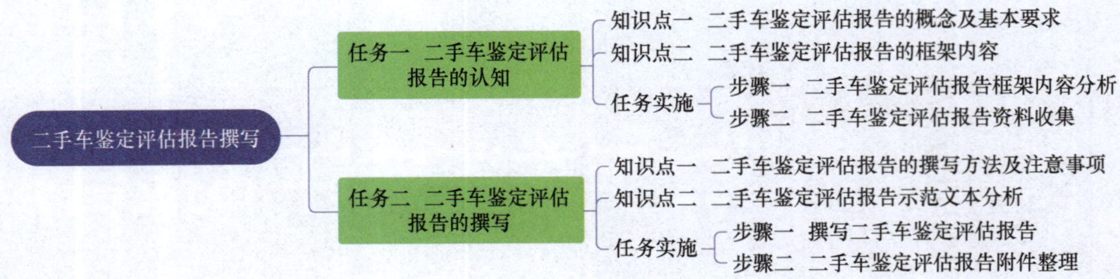

任务一　二手车鉴定评估报告的认知

【任务描述】

小王是某二手车鉴定评估公司的新员工，他现在需要根据车辆前期的鉴定评估结果来撰写一份详实的二手车鉴定评估报告，以书面形式向车主张先生报告该车的鉴定评估过程和鉴定评估结果。

【任务目标】

通过本任务的学习，需要达成以下目标：

1）了解二手车鉴定评估报告的概念及基本要求。

2）掌握二手车鉴定评估报告的框架内容。

3）具有遵纪守法、按章办事的法律意识，培养一丝不苟、精益求精的工匠精神。

4）培养 7S（整理、整顿、清洁、清扫、素养、安全、节约）意识并在工作中执行。

【任务分析】

通过本任务的学习，可以熟练掌握二手车鉴定评估报告的内容。要达成任务目标，可以按照以下流程进行：

1）学习二手车鉴定评估报告的概念、基本要求等知识点。

2）掌握二手车鉴定评估报告的框架结构和内容。

完成本任务需要准备的工作场景和设备有：理实一体化教室，汽车整车、二手车鉴定评估委托书、二手车鉴定评估作业表、车辆行驶证复印件、车辆购置税复印件、车辆登记证书复印件和二手车照片、计算机、纸、笔等。

完成本任务所需的知识详见相关知识中的各知识点。

【相关知识】

知识点一　二手车鉴定评估报告的概念及基本要求

1. 二手车鉴定评估报告的概念

二手车鉴定评估报告是二手车交易市场完成某一鉴定评估工作后，向委托方提供说明鉴定评估的依据、范围、目的、基准时间、评估方法、评估前提和评估结论等基本情况的公正性的工作报告，是二手车交易市场履行评估委托协议的总结。报告不仅反映出二手车交易市场对被评估车辆作价的意见，而且也确认了二手车交易市场对所鉴定评估的结果应负的法律责任。

2. 二手车鉴定评估报告的基本要求

1）鉴定评估报告必须依照客观、公正、实事求是的原则，由二手车鉴定评估机构独立撰写，如实反映鉴定评估的工作情况。

2）鉴定评估报告应有委托单位（或个人）的名称、二手车鉴定评估机构的名称和印章、二手车鉴定评估机构法人代表或其委托人和二手车鉴定评估师的签字，以及提供报告的日期。

3）鉴定评估报告要写明评估基准日，并且不得随意更改。所有在评估中采用的税率、费率、利率和其他价格标准，均应采用基准日的标准。

4）鉴定评估报告中应写明评估的目的、范围、二手车的状态和产权归属。

5）鉴定评估报告应说明评估工作遵循的原则和依据的法律法规，简述鉴定评估过程，写明评估的方法。

6）鉴定评估报告应有明确的鉴定估算价值的结果，鉴定结果应有二手车的成新率。评估结果应有二手车原值、重置价值、评估值等。

7）鉴定评估报告还应有齐全的附件。

知识点二　二手车鉴定评估报告的框架内容

1. 二手车鉴定评估报告正文的内容

（1）评估的依据

1）《中华人民共和国资产评估法》。

2）《二手车流通管理办法》。

3）《二手车流通管理办法实施细则》。

4）《二手车鉴定评估技术规范》。

5）《机动车强制报废标准规定》。

6）客户提供的原始购车发票，有关合同、协议，人民法院出具的发生法律效力的判决书、裁定书、调解书。

7）产权证明材料。

8）当地政府的有关规定。

（2）鉴定评估目的　对鉴定评估目的的相关内容应有一定叙述。

（3）评估范围和评估基准时间　对评估范围的描述主要是明确评估了哪些类型的二手车辆。而评估基准时间是表明评估结论相对于哪一天发表的价值意见。由于车辆状态是不断变化的，它的价值随着自身状态和外部环境而变化，因而鉴定评估的结论也只是反映某天的静态价值意见。

（4）评估前提　主要说明前提性条件，如采用的评估标准、评估方法等。

（5）鉴定评估结论　一般应说明是在完成了哪些鉴定评估程序后，发表鉴定评估的结论意见。

2. 二手车鉴定评估报告附件的内容

鉴定评估报告的有关附件是对鉴定评估报告正文的有关重要部分的具体说明和必要补充，其内容一般包括：

1）产权证明文件。

2）评估立项批文。

3）二手车鉴定评估登记表、作业表。

4）鉴定评估的计算说明。它主要叙述采用的具体方法和评估的计算过程，对某些参数、系数的确定，以及对某些情况的考虑说明。

3. 二手车鉴定评估报告的组成

目前二手车鉴定评估报告没有统一样式，但撰写二手车鉴定评估报告时，一般包括以下内容：

（1）封面

（2）首部

1）标题。

2）报告书序号，其应符合公文的要求，包括评估机构特征字、公文种类特征字、年份、文件序号等。

（3）绪言　写明该评估报告委托方的全称、受委托评估的事项及评估工作的整体情况。

（4）委托方与车辆所有方简介　在报告中应写明委托方、委托方联系人的名称、联系电话及住址，以及车主的名称。

（5）鉴定评估目的　应写明本次鉴定评估是为了满足委托方的何种需要及其所对应的经济行为类型。

（6）鉴定评估对象　需简要写明车辆的厂牌型号、车牌号码、发动机号、车辆识别代号／车架号、注册登记日期、年审检验合格有效日期、公路规费交至日期、车辆购置税证号码、车船使用税缴纳有效期。

（7）鉴定评估基准日　写明车辆鉴定评估基准日的具体日期。

（8）评估原则　严格遵循“客观性、独立性、公正性、科学性”的原则。

（9）评估依据　评估依据一般包括行为依据、法律法规依据、产权依据和评定及取价依据等。

1）行为依据。是指二手车鉴定评估委托书、法院的委托书等经济行为文件。

2）法律法规依据。包括车辆鉴定评估的有关条款、文件及涉及车辆评估的有关法律法规等。

3）产权依据。是指被评估车辆的机动车登记证书或其他能够证明车辆产权的文件等。

4）评定及取价依据。评定及取价依据为鉴定评估机构收集的国家有关部门发布的统计资料和技术标准资料，以及评估机构收集的有关询价资料和参数资料等。

（10）评估方法及计算过程　简要说明评估人员在评估过程中所选择并使用的评估方法；简要说明选择评估方法的依据或原因；如评估时采用一种以上的评估方法，应适当说明原因并说明该资产评估价值的确定方法；对于所选择的特殊评估方法，应适当介绍其原理与适用范围；简要说明各种评估方法的主要计算步骤等。

（11）评估过程　评估过程应反映二手车鉴定评估机构自接受评估委托起到提交评估报告为止的工作过程，包括接受委托、验证、现场查勘、市场调查与询问、评定估算和提交报告等过程。

（12）评估结论　给出被评估车辆的评估价格（小写、大写）。

（13）特别事项说明　鉴定评估人员认为需要说明的其他问题，但非评估人员职业水平和能力所能评定估算的有关事项，应提示评估报告使用者注意。

（14）评估报告的法律效力　揭示评估报告的有效日期，特别提示评估基准日的期后事项对评估结论的影响以及评估报告的使用范围等，常见写法如下：

1）本项评估结论有效期为 90 天，自评估基准日至 ×××× 年 ×× 月 ×× 日止。

2）当评估目的在有效期内实现时，本评估结果可以作为交易价参考依据；超过 90 天，需重新评估。另外，在评估报告的有效期内若被评估车辆的市场价格发生变化或因交通事故等原因导致车辆的价值发生变化，对车辆评估结果产生明显影响时，委托方也需重新委托评估机构进行评估。

3）鉴定评估报告书的使用权归委托方所有，其评估结论仅供委托方为本项目评估目的使用或送交二手车鉴定评估主管机关审查使用，不适用于其他目的。因使用本报告书不当而产生的任何后果与签署本报告书的鉴定评估师无关。未经委托方许可，本鉴定评估机构承诺不将本报告书的内容向他人提供或公开。

（15）鉴定评估报告的提出日期　写明评估报告应提交委托方的具体时间，评估报告原则上应在确定的评估基准日后 1 周内提出。

（16）附件　包括：二手车鉴定评估委托书、二手车鉴定评估作业表、车辆行驶证、车辆购置税、车辆登记证书复印件，二手车鉴定评估师资格证书复印件，鉴定评估机构营业执照复印件，鉴定评估机构资质复印件和二手车照片等。

（17）尾部　写明出具评估报告的评估机构名称并盖章，写明评估机构法定代表人姓名并签名，鉴定评估师盖章并签名，高级鉴定评估师审核签章，注明报告日期。

【任务实施】

小王现准备撰写二手车鉴定评估报告给二手车客户张先生，他需要熟知二手车鉴定评估报告的具体内容，需要收集车主的基本信息、车辆的基本信息、评估目的和鉴定情况等信息，且填写信息记录表，建议按以下步骤来完成鉴定评估报告所需材料的收集。

步骤一　二手车鉴定评估报告框架内容分析。

一个完整的二手车鉴定评估报告的内容有：

□封面　□首部　□绪言　□委托方与车辆所有方简介　□鉴定评估目的　□鉴定评估对象　□鉴定评估基准日　□评估原则　□评估依据　□评估方法及计算过程　□评估过程　□评估结论　□特别事项说明　□评估报告的法律效力　□鉴定评估报告的提出日期　□附件　□尾部

步骤二　二手车鉴定评估报告资料收集。

根据委托方及评估机构信息情况填写。

委托方及评估机构信息	
委托方：	委托方联系人：
联系电话：	车主姓名 / 名称：
鉴定评估机构名称：	评估基准日：
二手车鉴定评估师：	复核人：

根据鉴定评估车辆信息填写。

鉴定评估车辆信息	
厂牌型号：	牌照号码：
发动机号：	车辆识别代号：
注册登记日期：	年审检验合格有效期至：
交强险截止日期：	车船税截止日期：
是否为查封、抵押车辆：	车辆购置税证：
机动车登记证书：	机动车行驶证：
未接受处理的交通违法记录：	使用性质：
行驶里程：	已使用年限：
原始价格：	

根据技术鉴定结果填写。

技术鉴定结果	
技术状况缺陷描述：	
重要配置及参数信息：	
技术状况鉴定等级：	等级描述：

根据价值评估结果填写。

价值评估
价值估算方法：□现行市价法　□重置成本法　□其他
价值估算结果：车辆鉴定评估价值为人民币　　元，金额大写：

资料收集。

需要收集的其他材料	
□二手车鉴定评估委托书	□二手车技术状况鉴定作业表
□车辆行驶证复印件	□机动车登记证书复印件
□被鉴定评估二手车照片	□车辆购置税复印件
□鉴定评估机构营业执照复印件	□鉴定评估师职业资格证书复印件

【任务评价】

请根据自己在本任务中的实际表现进行自评。

序号	评价标准	评分分值	得分
1	能够做到 7S（整理、整顿、清洁、清扫、素养、安全、节约）	10	
2	能够理解和明确工作任务	10	
3	掌握工作相关知识及要点	20	
4	能够正确填写委托方及评估机构信息	10	
5	能够正确填写车辆基本信息	10	
6	能够正确填写技术鉴定及价值评估结果	20	
7	能够遵纪守法、按章办事	10	
8	初步具有一丝不苟、精益求精的精神	10	
合计（总分 100 分）			

请指导教师检查、评价任务完成情况。

序号	检查项目	结果是否与实车实际相符	
		相符	不相符
1	委托方信息		
2	技术鉴定结果		
3	车辆技术状况等级		
4	车辆配置及参数信息		
5	评估价值		
6	对车辆的检查结果进行分析		
7	熟悉二手车鉴定评估报告内容并收集相关资料		
8	报告完整、清晰、明了、不缺项，客观公正		
9	遵纪守法、按章办事意识	□具备	□不具备
10	争做大国工匠、高技能人才意识	□具备	□不具备
11	一丝不苟、精益求精的工匠精神	□具备	□不具备
对任务完成情况综合评价：□优秀　□良好　□中等　□及格　□不及格			

【拓展帮助】

1. 二手车交易中卖方合法性确认

二手车交易市场经营者和二手车经营主体应按下列项目确认卖方的身份及车辆的合法性：

1）卖方身份证明或者机构代码证书原件合法有效。

2）车辆号牌、机动车登记证书、机动车行驶证、机动车安全技术检验合格标志真实、合法、有效。

3）交易车辆不属于《二手车流通管理办法》第二十三条规定禁止交易的车辆。

2. 评估基准日

在撰写评估报告时，有一个时间点非常重要，即“评估基准日”。

二手车的价格与新车的价格息息相关，新车涨价，对应的二手车也会涨价，而新车的价格每天都会有所变动，所以为了避免与客户产生价格纠纷，一定要在签订委托书时就与车主确定评估基准日，在评估报告当中也要写明这一时间节点。

任务二　二手车鉴定评估报告的撰写

【任务描述】

小王是某二手车鉴定评估公司的新员工，他在对被委托车辆进行了评估鉴定检查之后，现需要撰写二手车鉴定评估报告。

【任务目标】

通过本任务的学习，需要达成以下目标：

1）掌握二手车鉴定评估报告的撰写方法及注意事项。

2）能够根据实际选择恰当的二手车鉴定评估报告文本样式。

3）能够根据车辆基本信息、车辆证件、技术鉴定和价格评估的结果，熟练、规范地撰写二手车鉴定评估报告。

4）能够逐步养成严谨认真、实事求是、公平公正的工作作风。

5）能够树立诚信评估、全心全意为客户服务的信念。

6）培养 7S（整理、整顿、清洁、清扫、素养、安全、节约）意识并在工作中执行。

【任务分析】

通过本任务的学习，可以熟练掌握二手车鉴定评估报告的撰写方法。要达成任务目标，可以按照以下流程进行：

1）学习二手车鉴定评估报告的撰写方法等知识点。

2）掌握二手车鉴定评估报告的注意事项。

3）熟知二手车鉴定评估报告示范文本。

完成本任务需要准备的工作场景、设备和资料有：理实一体化教室，汽车整车、计算机、打印机、纸和笔等；二手车鉴定评估委托书、二手车鉴定评估作业表、车辆行驶证复印件、车辆购置税复印件、车辆登记证书复印件和二手车照片等资料。

完成本任务所需的知识详见相关知识中的各知识点。

【相关知识】

知识点一　二手车鉴定评估报告的撰写方法及注意事项

1. 二手车鉴定评估报告的撰写方法

鉴定评估报告不仅要真实准确地反映评估工作情况，而且要明示评估人员在今后一段时期里对评估的结果和有关的全部附件资料承担相应的法律责任。同时，评估报告也是记述鉴定评估成果的文件，是鉴定评估机构向委托方和二手车鉴定评估管理部门提交的主要成果。因此，评估人员撰写的报告要思路清晰、文字简练准确、格式规范、有关的取证与调查材料和数据真实可靠。为了达到这些要求，鉴定评估人员应按下列方法和步骤进行鉴定评估报告的撰写。

（1）鉴定评估资料的分类整理　被评估二手车的有关背景资料、技术鉴定情况资料及其他可供参考的数据记录等评估资料是编制二手车鉴定评估报告的基础，所以，应由专人将评估资料进行分类整理，包括鉴定评估作业表的审核、评估依据的说明和最后形成评估的文字材料等。

（2）鉴定评估资料的分析讨论　在资料整理工作完成后，评估工作人员应对评估的情况和初步结论进行分析讨论。如果发现存在提法不妥、计算错误、作价不合理等方面的问题，要进行必要的调整，最终应在充分讨论的基础上得出一个正确的结论。

（3）鉴定评估报告的撰写　评估人员通过对资料的汇总编排，确定二手车鉴定评估的基本情况，完成评估报告的初稿，然后与委托方交换意见，认真分析委托方提出的问题和意见，在坚持客观、公正、科学、可行的前提下修改鉴定评估报告书，修改完毕后可撰写正式的二手车鉴定评估报告。

（4）鉴定评估报告的审核和定稿　完成的鉴定评估报告应先由项目负责人审核，再报评估机构经理审核签发，再由二手车鉴定评估人员签字并加盖评估机构公章，最后送达客户签收。

2. 撰写二手车鉴定评估报告的注意事项

撰写二手车鉴定评估报告的过程中应注意以下事项：

（1）实事求是，切忌出具虚假报告　报告必须建立在真实、客观的基础上，不得脱离实际情况，更不能无中生有。报告拟定人应是参与鉴定评估全过程并全面了解被评估车辆的主要鉴定评估人员。

（2）提交报告要及时、齐全，做好保密工作　在正式完成二手车鉴定评估报告工作后，应按评估协议书或委托书的约定时间及时将报告递交委托方。递交报告时，报告及有关文件要递交齐全，对报告内容做好保密工作。

（3）坚持一致性做法，切忌表里不一　评估报告的文字及内容要前后一致，正文、评估说明、作业表、鉴定工作底稿、格式、数据等要相互一致，不能出现相互矛盾、不一致的情况。

知识点二　二手车鉴定评估报告示范文本分析

1. 二手车鉴定评估报告的基本内容

二手车鉴定评估报告一般根据委托方的要求和二手车鉴定评估业务的具体情况来确定基本内容，包括正文和附件两部分。其主要内容是阐述二手车鉴定评估的基本结论、二手车鉴定评估报告成立的前提条件、得出结论的方法和依据，并附必要的文件资料等。

2. 二手车鉴定评估报告的类型

二手车鉴定评估报告有定型式、自由式和混合式三种。

（1）定型式　又称封闭式二手车鉴定评估报告，采用固定格式、固定内容，评估人员必须按要求填写，不得随意增减。其优点是通用性好，写作省时省力；缺点是不能根据评估对象的具体情况而深入分析某些特殊事项。如果能针对不同的评估目的和不同类型的机动车做相应的定型式二手车鉴定评估报告，则可以在一定程度上弥补这一缺陷。

（2）自由式　又称开放式二手车鉴定评估报告，是由评估人员根据评估对象的情况而自由创作，无固定格式的二手车鉴定评估报告。其优点是可深入分析某些特殊事项，缺点是易遗漏一般事项。

（3）混合式　混合式二手车鉴定评估报告是兼取前两种二手车鉴定评估报告的格式，兼顾了定型式和自由式两种报告的优点。

不论二手车鉴定评估报告的形式如何，均应客观、公正、翔实地记载评估结果和过程。如果仅以结论告知，必然会使委托评估者或二手车鉴定评估报告的其他使用者心理上的信任度降低。二手车鉴定评估报告的用语要力求准确、肯定，避免使用模棱两可或易生误解的文字，对于难以确定的事项应在报告中说明，并描述其可能影响二手车价格的情形。

3. 二手车鉴定评估报告相关示范文本

根据《二手车鉴定评估技术规范》规定，二手车鉴定评估报告应按照规范文本出具，二手车鉴定评估报告的内容及要求见表 6-1 的示范文本。

表 6-1　二手车鉴定评估报告（示范文本）

二手车鉴定评估报告

×××× 鉴定评估机构评报字（20　年）第 ×× 号

一、绪言

__________（鉴定评估机构）接受__________的委托，根据《二手车流通管理办法》和《二手车鉴定评估技术规范》（GB/T 30323—2013）的规定，本着客观、独立、公正、科学的原则，按照公认的评估方法，对车牌号为__________的车辆进行了鉴定。本机构鉴定评估人员按照必要的程序，对委托鉴定评估的车辆进行了实地查勘与市场调查，并对其在____年____月____日所表现的市场价值做出公允反映。

二、委托方信息

委托方：__________________　委托方联系人：____________________

联系电话：________________　车主姓名 / 名称：____________________（填写机动车登记证书所示的名称）

三、鉴定评估基准日____年____月____日

四、鉴定评估车辆信息

厂牌型号：__________　牌照号码：__________

发动机号：__________　车辆识别代号 / 车架号：________________________

车身颜色：__________　行驶里程：__________　注册登记日期：__________

年审检验合格有效期至：____年____月　交强险截止日期：____年____月

车船税截止日期：____年____月

是否为查封、抵押车辆：□是　□否　车辆购置税（费）证：□有　□无

机动车登记证书：□有　□无　　　机动车行驶证：□有　□无

未接受处理的交通违法记录：□有　□无

使用性质：□公务用车　□家庭用车　□营运用车　□出租车　□其他：__________

五、技术鉴定结果

技术状况缺陷描述：____

____

重要配置及参数信息：____

技术状况鉴定等级：__________　等级描述：____

六、价值评估

价值估算方法：□现行市价法　□重置成本法　□其他

计算过程：____

____

____

价值估算结果：车辆鉴定评估价值为人民币__________元，金额大写：_______________________________________

七、特别事项说明[1]

八、鉴定评估报告法律效力

本鉴定评估结果可以作为作价参考依据。本项鉴定评估结论有效期为 90 天，自鉴定评估基准日至____年____月____日止。

九、声明

1）本鉴定评估机构对该鉴定评估报告承担法律责任。

（续）

2）本报告所提供的车辆评估价值为评估基准日的价值。

3）该鉴定评估报告的使用权归委托方所有，其鉴定评估结论仅供委托方为本项目鉴定评估目的使用和送交二手车鉴定评估主管机关审查使用，不适用于其他目的，否则本鉴定评估机构不承担相应法律责任；因使用本报告不当而产生的任何后果与签署本报告书的鉴定评估人员无关。

4）本鉴定评估机构承诺，未经委托方许可，不将本报告的内容向他人提供或公开，否则本鉴定评估机构将承担相应法律责任。

附件：

一、二手车鉴定评估委托书

二、二手车鉴定评估作业表

三、车辆行驶证、机动车登记证书复印件

四、被鉴定评估二手车照片（要求外观清晰，车辆牌照能够辨认）

二手车鉴定评估师（签字、盖章）　　　　复核人[2]（签字、盖章）

____年____月____日　　　　（二手车鉴定评估机构盖章）

____年____月____日

[1] 特别事项是指在已确定鉴定评估结果的前提下，鉴定评估人员认为需要说明的，在鉴定过程中已发现的，可能影响鉴定评估结论，但非鉴定评估人员职业水平和能力所能鉴定评估的有关事项以及其他问题。

[2] 复核人是指具有高级二手车鉴定评估师资格的人员。

备注：1. 本报告书和作业表一式三份，委托方二份，受托方一份。

2. 鉴定评估基准日即为《二手车鉴定评估委托书》签订的日期。

二手车鉴定评估作业表见表6-2，是存档备查的重要文档，必须每车一表。评估师必须认真填写，特别是车辆的结构特点和现时技术状况，应当仔细检查鉴定车辆后填写全面、清楚，以免日后发生争执。对于二手车的证件是否齐全，各种规费是否如期缴纳，必须逐项、逐条地检查、核实后如实填写，不得遗漏，更不得马虎了事。评估师和复核人必须签字，以示负责。

表6-2　二手车鉴定评估作业表

车主		所有权性质	□公　□私	联系电话	
地址				经办人	
原始情况	车辆类型	□轿车　□客车　□越野车　□载货车　□摩托车　□其他			
	车辆品牌		型号		
	车牌号码		产地	□国产　□进口	
	发动机号		车架号		
	车身颜色		燃料种类	□汽油　□柴油	
	已使用年限（月）/规定年限（年）	个月 /　年	累计行驶里程	万 km	
核对证件	证件	□原始发票　□机动车登记证书　□机动车行驶证 □资产证明或车主身份证　□其他			
	税费	□车辆购置税　□车船税　□其他			
结构特点					
现时技术状况					
维护情况		□好　□一般　□较差			
使用性质		□营运　□非营运			
价值反映	购入原价 / 元			车主报价 / 元	
	重置成本 / 元		成新率　　%	评估价格 / 元	

二手车鉴定评估委托书见项目一的表1-6，签订委托书以明确双方的责任及义务，同时真实反映待

评估车辆的真实信息。

【任务实施】

前面的任务中，小王已收集到二手车客户张先生的基本信息、评估目的和车辆的基本信息等，也填写了信息记录表，在签订委托书、填写车辆鉴定评估作业表、车辆技术状况表后，可以撰写二手车鉴定评估报告了，建议按以下步骤来完成任务。

步骤一　撰写二手车鉴定评估报告。

根据收集到的客户（车主）情况填写作业表并写入报告中。

鉴定评估日期：　年　月　日　厂牌型号：	
牌照号码：	行驶里程 / 万 km：
VIN：	车身颜色：
法人代码 / 身份证号码：	车主姓名 / 名称：
年检证明：□有（至　年　月）□无	首次登记日期：　年　月　日
交强险：□有（至　年　月）□无	使用性质：
购置税证书：□有　□无	车船税证明：□有（至　年　月）　□无
其他法定证明 / 凭证：□号牌　□行驶证　□登记证书　□保险单　□其他	
是否为事故车：□是　□否	损伤位置及损伤情况：
车辆主要技术缺陷描述：	
总得分：	
技术等级：	
估计方法：	
参考价值：	
二手车鉴定评估师（签章）：	
二手车鉴定评估师执业证书号：	

步骤二　二手车鉴定评估报告附件整理。

整理并附在报告中。

□产权证明文件	□评估立项批文
□二手车鉴定评估登记表	□二手车鉴定评估作业表
□鉴定评估的计算说明	

【任务评价】

请根据自己在本任务中的实际表现进行自评。

序号	评价标准	评分分值	得分
1	能够做到 7S（整理、整顿、清洁、清扫、素养、安全、节约）	10	
2	能够理解和明确工作任务	10	

（续）

序号	评价标准	评分分值	得分
3	掌握工作相关知识及要点	20	
4	能够正确填写委托方及评估机构信息	10	
5	能够正确填写车辆基本信息	10	
6	能够正确填写技术鉴定及价值评估结果	20	
7	能够遵纪守法、按章办事	10	
8	初步具有一丝不苟、精益求精的精神	10	
合计（总分 100 分）			

请指导教师检查、评价任务完成情况。

序号	检查项目	结果是否与实车实际相符	
		相符	不相符
1	委托方信息		
2	技术鉴定结果		
3	车辆技术状况等级		
4	车辆配置及参数信息		
5	评估价值		
6	对车辆的检查结果进行分析		
7	报告完整、清晰、明了、不缺项，客观公正		
8	遵纪守法、按章办事意识	□具备	□不具备
9	争做大国工匠、高技能人才意识	□具备	□不具备
10	一丝不苟、精益求精的工匠精神	□具备	□不具备
对任务完成情况综合评价：□优秀 □良好 □中等 □及格 □不及格			

【拓展帮助】

1. 二手车评估资料归档

二手车评估资料是记录、描述或反映整个二手车鉴定评估过程和结果的各类文件的统称。其归档的范围如下：

1）二手车鉴定评估委托书。

2）二手车鉴定评估的法律依据（国家有关法规的相关条款）。

3）委托人所从事的主要经济活动或者委托事项的背景材料。

4）委托鉴定评估的车辆的证明材料，照片、图像资料，必要的技术鉴定材料。

2. 二手车鉴定评估人员职业道德规范

主要包括：遵纪守法、廉洁自律；客观独立、公正科学；诚实守信、规范服务；客户至上、保守秘密；团队合作、锐意进取；操作规范、保证安全；节能低碳，绿色环保；安全第一、预防为主。

【思考提升】

1. 判断题

1）鉴定评估报告中不必对评估的方法和过程作出说明。 （ ）

2）鉴定评估报告的内容必须正确无误，鉴定评估师必须对报告的正确性负责。（　　）

3）二手车鉴定评估作业表也是存档备查的重要文件。（　　）

4）鉴定评估报告要写明评估基准日，所有在评估中采用的税率、费率、利率和其他价格标准，均应采用基准日的标准。（　　）

5）二手车鉴定评估报告中评估结论的有效期一般为30天。（　　）

6）二手车鉴定评估委托书是评估的行为依据。（　　）

7）二手车鉴定评估报告无须附有齐全的附件。（　　）

8）二手车鉴定评估报告和作业表一式两份。（　　）

9）二手车鉴定评估报告中对被评估车辆的评估金额只需采用数字小写即可。（　　）

10）二手车鉴定评估应严格遵循“客观性、独立性、公正性、科学性”原则。（　　）

2. 单选题

1）由于二手车技术状况和市场价值都随时间变化而变动，所以（　　）是非常重要的参数。

A. 评估基准日　　B. 检验日期　　C. 车辆的出厂日期　　D. 初次注册登记日

2）车辆鉴定评估的有关条款、文件及涉及车辆评估的有关法律、法规等属于（　　）依据。

A. 行为　　B. 法律法规　　C. 产权　　D. 评定及取价依据

3）被评估车辆的机动车登记证书或其他能够证明车辆产权的文件等属于（　　）依据。

A. 行为　　B. 法律法规　　C. 产权　　D. 评定及取价依据

4）二手车鉴定评估报告的附件不包括（　　）。

A. 产权证明文件　　B. 二手车鉴定评估登记表和作业表

C. 鉴定评估的计算说明　　D. 鉴定评估收费发票

5）鉴定评估基准日是指（　　）。

A. 二手车鉴定评估委托书签订的日期　　B. 二手车鉴定评估报告生成的日期

C. 受理鉴定评估的日期　　D. 鉴定技术状况时的日期

07

项目七

二手车交易

【项目描述】

在掌握了二手车鉴定评估的知识和技能后，开始学习二手车交易的相关知识和技能。

为了更好地完成相应教学任务、达成教学效果，本项目选取了二手车交易流程的认知、二手车收购和二手车销售三个典型工作任务。

思维导图

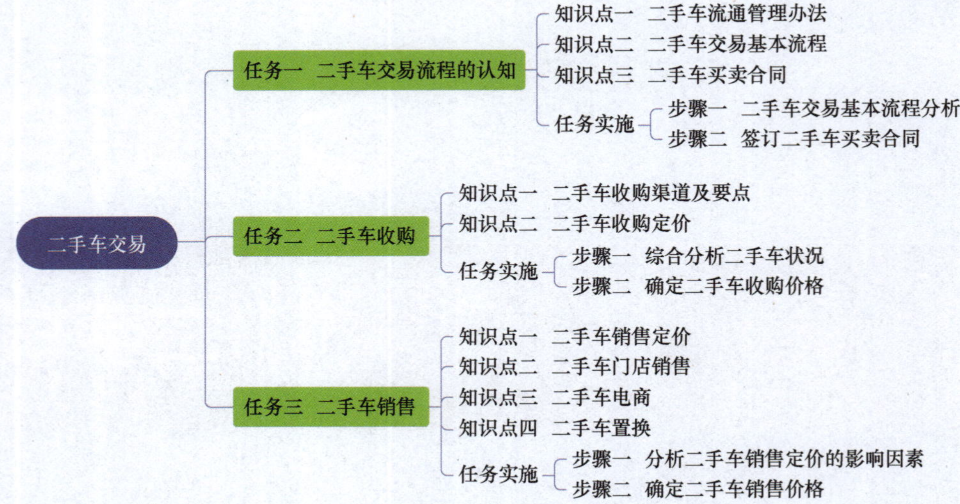

任务一　二手车交易流程的认知

【任务描述】

小王是某二手车鉴定评估公司的新员工，他已经掌握了二手车鉴定评估的相关知识和技能，但还没有二手车交易的工作经验。现在，他开始学习二手车交易的有关知识和技能，为做好二手车交易工作奠定基础。

【任务目标】

通过本任务的学习，需要达成以下目标：

1）了解二手车流通管理办法等规定。

2）掌握二手车交易基本流程。

3）熟悉二手车买卖合同的内容并能够签订二手车买卖合同。

4）能够增强法律意识，具有遵纪守法、按章办事意识。

5）培养 7S（整理、整顿、清洁、清扫、素养、安全、节约）意识并在工作中执行。

【任务分析】

通过本任务的学习，可以初步完成二手车交易工作。要达成任务目标，可以按照以下流程进行：

1）学习二手车流通管理办法、交易基本流程等知识点。

2）能够拟定并签订二手车买卖合同。

完成本任务需要准备的工作场景和设备有：理实一体化教室，汽车整车、计算机、打印机、工作夹、纸和笔等。

完成本任务所需的知识详见相关知识中的各知识点。

【相关知识】

知识点一　二手车流通管理办法

二手车流通管理相关办法和规定

为了加强二手车流通管理，规范二手车经营行为，保障二手车交易双方的合法权益，促进二手车流通健康发展，国家颁布实施了一系列法规和政策：

1）《二手车流通管理办法》（商务部、公安部、国家工商行政管理总局、国家税务总局 2005 年第 2 号令）。

2）《国家税务总局关于统一二手车销售发票式样问题的通知》（国税函〔2005〕693 号）。

3）《二手车交易规范》（商务部公告 2006 年第 22 号）。

4）《国家税务总局关于二手车经营业务有关增值税问题的公告》（国家税务总局公告 2012 年第 23 号）。

5）《国家税务总局关于二手车经销企业发票使用有关问题的公告》（国家税务总局公告 2013 年第 60 号）。

6）《国务院办公厅关于促进二手车便利交易的若干意见》（国办发〔2016〕13号）。

7）《国家税务总局关于增值税发票管理若干事项的公告》（国家税务总局公告2017年第45号）。

8）《国家税务总局关于增值税发票综合服务平台等事项的公告》（国家税务总局公告2020年第1号）。

9）《财政部、税务总局关于二手车经销有关增值税政策的公告》（财政部、税务总局公告2020年第17号）。

10）《关于推进二手车交易登记跨省通办　便利二手车异地交易的通知》（商务部、公安部和国家税务总局商办消费函〔2021〕126号）。

这些法规和政策优化，加强了对二手车交易的管理，推行了小型非运营二手车交易登记跨省通办，提升了二手车交易的便利性，加快形成了二手车交易全国统一大市场，从制度方面解决了二手车异地交易周期长、不便捷等问题，进一步强化了经营主体责任，确保了交易安全，维护了交易各方的合法权益，促进了二手车交易市场的繁荣和发展。

知识点二　二手车交易基本流程

二手车交易是一种特殊商品的交易，它除了实现一般二手物品交易属性外，还有完成交易后产权过户的转移属性。一个合法、完备的二手车交易过程包括车辆交易、所有权转移登记和税 / 险变更三个环节。

1. 车辆交易

车辆交易只完成了一般商品的交易过程，实现了车辆使用权从卖方到买方的转移。从买卖双方角度看，已完成了“一手交钱一手交货”的商品交易过程，实现了车辆使用权的易主。车辆交易必须在规定的地点（二手车交易市场、二手车拍卖企业或二手车经营销售公司）完成，完成交易的标志是买方获得写有其名字（单位）的二手车销售统一发票。

2. 所有权转移登记

从法律角度看，完成车辆的使用权易主并没有实现法律上的易主，因为在车辆管理部门的存档和机动车登记证书上的车辆所有权人信息还没有变更，如果此时买方使用车辆出现交通违法等行为，则由原车主承担相应的法律责任。只有办理了二手车所有权从卖方到买方的转移登记（即所有权过户），才算是真正合法地完成了交易。完成的标志是买方获得了变更后的机动车行驶证和机动车登记证书。

3. 税 / 险变更

车辆购置税、车船税和保险是汽车的附属属性，是买方免费享有的卖方车辆的附加利益。车辆购置税完税凭证是新车注册登记前一次性缴纳获得的凭证；车船税和保险（必须含有交强险）缴纳凭证则是车主每年缴纳税、险的凭证。这些税、险与车辆所有人和车牌号相对应，车辆易主后如果不及时变更会影响到保险期内车辆出现道路交通事故时的经济赔偿。《机动车交通事故责任强制保险条例》第十八条规定：被保险机动车所有权转移的，应当办理机动车交通事故责任强制保险合同变更手续。因此，在完成车辆所有权转移登记后，应及时变更这些税、险。

知识点三　二手车买卖合同

现对二手车买卖合同（示范文本）介绍如下，见表7-1。

表7-1　二手车买卖合同（示范文本）

使用说明： ① 本合同文本是依据《中华人民共和国民法典》《二手车流通管理办法》等有关法律、法规和规章制定的示范文本，供买卖双方进行二手车交易使用。

（续）

② 本合同所称二手车，是指从办理完注册登记手续到达到国家强制报废标准之前进行交易并转移所有权的汽车（包括三轮汽车、低速载货汽车，即原农用运输车）、挂车和摩托车。

③ 本合同签订前，买卖双方应仔细阅读本合同各项条款，充分了解合同的相关内容，并结合具体情况及交易双方协商情况如实填写，空格处应以文字形式填写完整。

④ 卖方应向买方提供车辆的使用、修理、事故、检验以及是否办理抵押登记、缴纳税费、报废期等真实情况和信息；买方应了解、查验车辆的状况。

⑤ 本合同“其他约定”条款，供双方当事人自行约定。

二手车买卖合同

合同编号：____________________

卖方：____________________　　买方：____________________

身份证号 / 统一社会信用代码：____________　　身份证号 / 统一社会信用代码：____________________

联系地址：____________________　　联系地址：____________________

联系电话：____________________　　联系电话：____________________

依据《中华人民共和国民法典》《二手车流通管理办法》及相关法律、法规规定，买卖双方在平等、自愿公平、诚实信用的基础上，就二手车买卖的相关事宜协商一致后签订本合同。

第一条　机动车基本情况

① 车主名称：____________________

车牌号码：____________________

厂牌型号：____________________

② 机动车状况说明见附件一。

③ 机动车相关证明、凭证见附件三。

第二条　机动车价格及支付方式

本二手车价格（不含税费或其他费用）为人民币________元（大写____________元）。除本合同明确约定的费用外，买方无须另行支付其他任何价款或费用。

经双方协商一致，采用以下第（　　）种方式支付本合同约定的费用。

① 卖方交付机动车后，买方一次性支付。

② 本合同签订后________日内，买方应支付定金人民币________元，大写：________元；卖方交付机动车后买方支付人民币________元，大写：________元；办理完机动车交易过户手续后买方支付人民币________元，大写：________元。

③ 其他方式：____________________

第三条　机动车交付、验收与过户

1. 机动车交付及风险承担

合同签订后，卖方应于________年________月________日将机动车交付给买方。

机动车交付给买方前，机动车损毁、灭失等全部风险由卖方承担，机动车交付给买方后，机动车损毁、灭失等全部风险由买方承担。机动车交付时，本合同附件三所列证明或凭证应于机动车交付时一并交付给买方。

2. 机动车验收

卖方交付机动车时，买方应同时对机动车外观、里程数、赠品、配件等可立即当场验收的事项进行验收并确认，对于无法通过当场验收的事项，买方应于卖方交付机动车后的合理期限（________日）内进行验收。

3. 机动车过户

机动车交易过户、转移登记手续由 □卖方　□买方负责办理，办理过程中产生的过户手续费（包含税费）由□卖方　□买方承担。买卖双方均应配合提供办理机动车交易过户、转移登记过户、税 / 险过户手续所需的相关文件。

第四条　双方的权利和义务

1. 买方权利及义务

① 买方应按照本合同的约定支付相关价款、提供相关资料及证明文件。

② 买方有权按照本合同的约定收取机动车、接受相关服务。

③ 对转出本地的车辆，买方应了解、确认车辆能在转入所在地办理转入手续。

④ 其他____________________

2. 卖方权利及义务

① 卖方应保证对机动车享有合法的处置权或所有权。

② 卖方应按照本合同的约定交付车辆、为买方办理或配合办理机动车交易过户、转移登记和税 / 险过户手续并提供相关服务。

③ 卖方应保证所出示及提供的与机动车有关的一切证件、证明、鉴定报告（如有）及信息合法、真实、有效。

④ 卖方应保证其销售的机动车不属于以下情况：

a. 已报废或者达到国家强制报废标准的车辆。b. 在抵押期间或者未经海关批准交易的海关监管车辆。c. 在人民法院、人民检察院、行政执法部门依法查封、扣押期间的车辆。d. 通过盗窃、抢劫、诈骗等违法犯罪手段获得的车辆。e. 发动机号、车辆识别代号 / 车架号与登记号码不相符，或者有篡改迹象的车辆。f. 走私、非法拼（组）装的车辆。g. 不具有本合同附件三所列证明、凭证的车辆。h. 国家法律、行政法规禁止经营的车辆。

⑤ 卖方有权按照本合同的约定收取相关价款。

（续）

⑥ 卖方收取价款后应开具合法有效的收款凭证。

⑦ 其他________________________________

第五条　违约责任

1. 卖方违约责任

① 卖方向买方提供的有关车辆信息不真实，买方有权要求卖方赔偿因此造成的损失。

② 卖方向买方提供的机动车不符合本合同约定的情况或卖方所出示或提供的与机动车有关的证件、证明、鉴定报告（如有）及信息存在虚构、伪造情形的，或未按照本合同的约定向买方交付车辆及有关证明、凭证的，逾期每日按照合同总价款（包括机动车价款及其他费用，下同）的____% 向买方支付违约金。

③ 因卖方原因致使车辆不能办理交易过户、转移登记、税 / 险过户手续的，买方有权要求卖方返还车辆价款并承担一切损失。

④ 其他________________________________

2. 买方违约责任

① 买方未按照合同约定支付本合同价款的，逾期每日按本合同价款总额的____% 向卖方支付违约金。

② 因买方原因致使不能办理交易过户、转移登记、税 / 险过户手续或买方取消交易的，卖方已收取的定金（如有）不予退还或有权要求买方支付合同总价款____% 的违约金，机动车已交付的，卖方有权要求买方返还机动车并承担一切损失。

③ 其他________________________________

第六条　争议解决

因本合同发生争议的，应由买卖双方协商或调解解决；协商或调解不成的，按下列第 _____ 种方式解决。

① 提交__________仲裁委员会仲裁。

② 向本合同签署地人民法院提起诉讼解决。

第七条　合同文本及效力

① 本合同一式__________份，双方各执__________份，其余用于办理机动车交易过户、转移登记手续使用，每份具有同等效力。

② 本合同自双方法定代表人或授权代表签字并加盖公章或合同专用章（法人）/ 签字（自然人）之日起生效。

③ 本合同生效后，双方对合同内容的变更或补充应以书面方式做出。

④ 本合同附件作为本合同的有效组成部分，与本合同具有同等法律效力。

第八条　其他约定

卖方（签字或盖章）：

法定代表人 / 授权代表（签字）［法人适用］

买方（签字或盖章）：

法定代表人 / 授权代表（签字）［法人适用］

签署日期：　　年　　月　　日

签署地点：

附件一：车辆状况说明书

附件二：买卖双方身份证明文件

1. 买方身份证复印件或营业执照复印件

2. 卖方身份证复印件或营业执照复印件

附件三：机动车证明、凭证

□车辆外观照片　□机动车号牌　□机动车登记证书　□机动车行驶证

□有效的机动车安全技术检验合格标志　□车辆购置税完税证明

□车船使用税缴付凭证　□车辆保险单　□机动车鉴定报告　□购车发票

其他________________________________

【任务实施】

小王是某二手车鉴定评估公司的新员工，现准备协助二手车买卖双方进行交易，他将按照以下步骤进行操作。

步骤一　二手车交易基本流程分析。

（1）车辆鉴定评估　买卖双方约定时间，由二手车交易市场安排专业的鉴定评估师对二手车进行全面的鉴定评估，并出具鉴定评估报告。

（2）签订合同　买卖双方在二手车交易市场签订《二手车买卖合同》，明确车辆信息、交易价格、交易方式、交车时间和交车地点等条款。

（3）车辆检验　买卖双方在交车前，由二手车交易市场对车辆进行全面检验，确保车辆状况与鉴定评估报告所述相符。

（4）办理手续　买卖双方到车辆管理等部门办理相关手续，包括车辆过户、保险变更等。

（5）交车　买卖双方在约定的交车时间、地点办理车辆交接手续，并签署《车辆交接单》。

（6）售后服务　二手车交易市场提供一定期限的售后服务，确保车辆在规定时间内无重大故障。

步骤二　签订二手车买卖合同。

依据二手车买卖合同（示范文本）签订合同。

【任务评价】

请根据自己在本任务中的实际表现进行自评。

序号	评价标准	评分分值	得分
1	能够做到7S（整理、整顿、清洁、清扫、素养、安全、节约）	10	
2	能够理解和明确工作任务	10	
3	掌握工作相关知识及要点	20	
4	能够掌握二手车交易流程	10	
5	能够签订二手车买卖合同	20	
6	具有实事求是精神、诚实守信精神	10	
7	能够遵纪守法、按章办事	10	
8	初步具有一丝不苟、精益求精的精神	10	
合计（总分100分）			

请指导教师检查、评价任务完成情况。

序号	检查项目	结果是否与实车实际相符	
		相符	不相符
1	车主名称		
2	厂牌型号、车牌号码		
3	机动车价格		
4	支付时间、支付方式		
5	车辆检验		
6	车辆评估		
7	办理手续		
8	交车办理		
9	争做大国工匠、高技能人才意识	□具备	□不具备
10	遵纪守法、按章办事意识	□具备	□不具备
11	一丝不苟、精益求精的工匠精神	□具备	□不具备
对任务完成情况综合评价：□优秀　□良好　□中等　□及格　□不及格			

【拓展帮助】

1）二手车个人直接交易和通过二手车经纪机构进行的二手车交易，卖方不能直接给买方开具二手车销售统一发票，应通过二手车交易市场进行交易。

2）二手车过户过程分为两个步骤：车辆交易过户和转移登记过户，两个步骤缺一不可。交易过户业务在二手车交易市场里办理，获取二手车销售统一发票；转移登记过户业务在车管所办理，主要完成机动车登记证书的变更登记、核发机动车行驶证及机动车号牌。

任务二　二手车收购

【任务描述】

张先生欲转让其名下的一辆小型客车，某二手车鉴定评估公司准备收购该车辆。公司员工小王在同事的帮助下，开始学习二手车收购的知识和技能，并进行二手车收购。

【任务目标】

通过本任务的学习，需要达成以下目标：

1）了解二手车的收购渠道及要点。

2）掌握确定二手车收购基准价的方法。

3）能够进行二手车收购定价。

4）能够增强法律意识，具有遵纪守法、按章办事意识。

5）培养 7S（整理、整顿、清洁、清扫、素养、安全、节约）意识并在工作中执行。

【任务分析】

通过本任务的学习，可以初步完成二手车收购定价工作。要达成任务目标，可以按照以下流程进行：

1）学习二手车收购渠道及要点、收购定价等知识点。

2）熟悉二手车收购工作过程。

3）对二手车进行收购定价。

完成本任务需要准备的工作场景和设备有：理实一体化教室，汽车整车、工作夹、纸和笔等。

完成本任务所需的知识详见相关知识中的各知识点。

【相关知识】

知识点一　二手车收购渠道及要点

二手车的收购渠道是二手车经营者的生存之源，拓展二手车收购渠道后，能有效提高成交率，实现有效收购。因此，在二手车收购业务中，如何拓展业务渠道和如何合理定价以提高成交率，是非常重要的环节。

1. 获取车源

二手车的车源主要通过以下渠道获取：

（1）店面收购　在合适的区位设置店面收购车辆。

（2）合作渠道收购车辆　可通过与汽车 4S 店和维修厂的合作获取二手车车源，前者主要通过以旧换新业务获取二手车车源；后者则是在与车主频繁接触中获得车辆准备出售的信息。同时，挖掘历史成交客户资源也是许多二手车业务员长期的工作。

（3）通过报纸、网络广告收购车辆　由于报纸等纸质媒体方式成本较高，所以，网络广告是当前宣传的主要渠道，其能收集和发布二手车信息，为二手车经销商提供车源。

（4）二手车网站资源　通过二手车专门网站来竞价收车。

2. 收购要点（提高成交率）

（1）规范操作、提高诚信度　专业的服务形象、规范的操作流程、合适的商业礼仪有助于消除客户疑虑，从而促进顺利成交。

（2）把握客户心态、有效解决客户疑虑　许多客户卖车时并不一定只关注价格，也会关注车辆交接以后的安全问题、车款的支付问题以及卖车手续的办理等。因此，把握客户心态、采取合适的方案、有效解决客户疑虑将有助于提高成交率。

（3）娴熟的鉴定技术　专业娴熟的二手车鉴定技术可以提高车主的信赖感。

（4）准确与谨慎报价　诚实守信，准确和谨慎的报价将有利于收购成交。

知识点二　二手车收购定价

1. 二手车收购定价与二手车鉴定评估价格的区别

二手车收购定价是建立在经营基础上的二手车收购行为，区别于单纯的车辆价值评估。在盈利的前提下，不同的人提出的收购定价是不同的，估价太低，卖方不愿意，收购不成功；估价太高，则没有利润，甚至导致亏损。因此，能够准确地、具有市场竞争力地确定收购定价尤为重要。因此，在二手车市场的实际交易中，二手车的收购定价和鉴定评估价值往往是不同的，具体包括以下几方面：

（1）估价的主体不同　鉴定评估的主体是独立的鉴定评估师，在技术鉴定的基础上必须公正地反映车辆的实际价值，其结果是科学客观的；而收购估价的主体则是二手车经销公司的车辆收购人员，他以买方的角度与卖方进行价格的商议和洽谈，可以根据供求价格的规律讨价还价。需要注意的是，二手车鉴定评估师通常被二手车经销商聘用，因此在实际的交易过程中，鉴定评估师不仅对车辆进行鉴定评估，而且会代表经营者进行车辆收购。

（2）估价的目的不同　二手车鉴定评估是接受委托，在将要发生的经济行为中给评估对象提供价值依据，是以服务为目的的，而收购估价则是以营利为目的的。

（3）估价思路和方法不同　二手车鉴定评估要求遵守国家颁布的有关法律法规，按特定的目的选择适宜的评估标准和方法进行评估，具有约束性；而收购估价是在国家有关法律法规的规定下，根据估价的目的，参照鉴定评估的价值进行的，具有灵活性。收购估价的思路如图 7-1 所示。

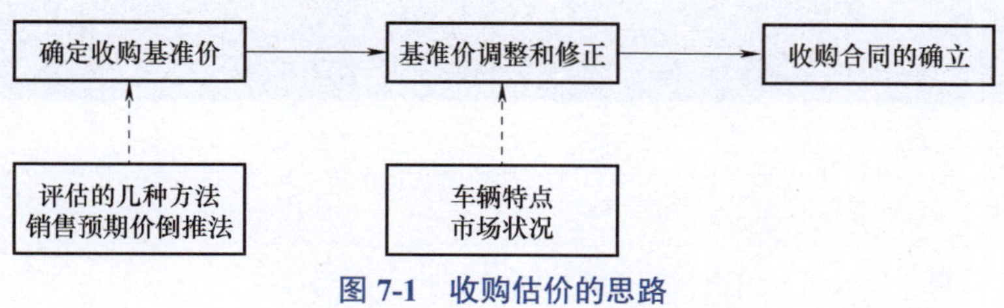

图 7-1　收购估价的思路

（4）估价的价值概念不同　收购价格属于快速变现价值，其价值低于市场价值。

2. 确定收购基准价

在市场交易中，收购基准价可由以下两种方法来确定。

（1）根据车辆鉴定评估价值进行确定　一般情况下，可利用现行市价法、重置成本法的思路和方法确定收购价格，以此为参考来调整收购价。

（2）根据销售预期价倒推法进行确定　这是以销售预期价为基础的计算方法。它的思路是以盈利为出发点，鉴定评估师根据收购车辆未来可能成交的价格扣除纯利润期望值及经营成本进行定价，即得到收购价，见式（7-1）：

$$\text{收购基准价}=\text{销售预期值}-\text{纯利润期望值}-\text{经营成本} \tag{7-1}$$

【任务实施】

小王现在要收购一辆二手小型客车，他将按照以下步骤实施。

步骤一　综合分析二手车状况。

根据前期对车辆的鉴定评估，对二手车状况进行综合分析。

步骤二　确定二手车收购价格。

分别根据车辆鉴定评估价值和销售预期价倒推法进行定价。

在完成收购接待、车辆鉴定等收购基本业务后，填写相关表单并完成收购价格的确定。

【任务评价】

请根据自己在本任务中的实际表现进行自评。

序号	评价标准	评分分值	得分
1	能够做到 7S（整理、整顿、清洁、清扫、素养、安全、节约）	10	
2	能够理解和明确工作任务	10	
3	掌握工作相关知识及要点	20	
4	能够正确选择收购渠道	10	
5	能够合理确定收购定价	20	
6	具有实事求是精神、诚实守信精神	10	
7	能够遵纪守法、按章办事	10	
8	初步具有一丝不苟、精益求精的精神	10	
合计（总分 100 分）			

请指导教师检查、评价任务完成情况。

序号	检查项目	结果是否与实际相符	
		相符	不相符
1	收购渠道是否较广泛		
2	定价方案选用是否符合实际		
3	收购定价是否合理		
4	实事求是精神、诚实守信精神	□具备	□不具备

（续）

序号	检查项目	结果是否与实际相符	
		相符	不相符
5	遵纪守法、按章办事意识	□具备	□不具备
6	争做大国工匠、高技能人才意识	□具备	□不具备
7	一丝不苟、精益求精的工匠精神	□具备	□不具备
对任务完成情况综合评价：□优秀　□良好　□中等　□及格　□不及格			

【拓展帮助】

二手车收购风险防范

（1）提高风险的防范能力，尽可能地规避风险　可通过预测风险并尽早采取防范措施来规避风险。在二手车收购工作中，要尽可能谨慎，最大限度地杜绝二手车收购存在的风险隐患。

（2）提高识别二手车收购风险的能力　应随时收集，分析并研究市场环境因素变化的资料和信息，判断收购风险发生的可能性，积累经验，培养并增强对二手车收购风险的敏感性，及时发现或预测收购风险。

（3）加强对风险大小的判断能力　在二手车收购中，需要正确判断风险大小，既不夸大风险可能带来的损失，也不要轻视风险的存在。

（4）提高处理二手车风险的能力　在无法避免风险的情况下，要提高处理风险的能力，最大限度地降低损失，并防止引发其他负面效应和消除可能派生出来的消极影响。

任务三　二手车销售

【任务描述】

小王是某二手车鉴定评估公司的新员工，他已掌握了二手车交易的流程和二手车收购知识，现需要学习二手车销售定价、门店销售、二手车电商和二手车置换等相关知识。

【任务目标】

通过本任务的学习，需要达成以下目标：

1）掌握二手车销售定价的步骤和门店销售流程。

2）了解二手车电商知识。

3）了解二手车置换的运作模式。

4）能够完成二手车销售定价工作。

5）能够开展二手车销售、车辆置换等工作。

6）培养 7S（整理、整顿、清洁、清扫、素养、安全、节约）意识并在工作中执行。

【任务分析】

通过本任务的学习，可以初步掌握二手车销售的技能。要达成任务目标，可以按照以下流程进行：

1）学习二手车销售定价、二手车门店销售、二手车电商和二手车置换等知识点。

2）对二手车进行销售定价。

3）掌握二手车门店销售流程。

4）开展二手车置换工作。

完成本任务需要准备的工作场景和设备有：理实一体化教室，汽车整车、打印机、工作夹、名片、工牌、纸和笔等。

完成本任务所需的知识详见相关知识中的各知识点。

【相关知识】

知识点一　二手车销售定价

1. 二手车销售定价的步骤

车辆的销售价格是二手车市场行情价格的具体反映，如果销售定价偏离了市场行情价格，就会造成车辆的滞销或企业利润的减少，甚至亏损。因此，掌握市场行情价格，准确确定每辆车的销售价格是二手车销售的重要工作。

为了使定价工作能够有效、顺利地进行，保证定价工作的规范化。一般按以下步骤进行，如图 7-2 所示。

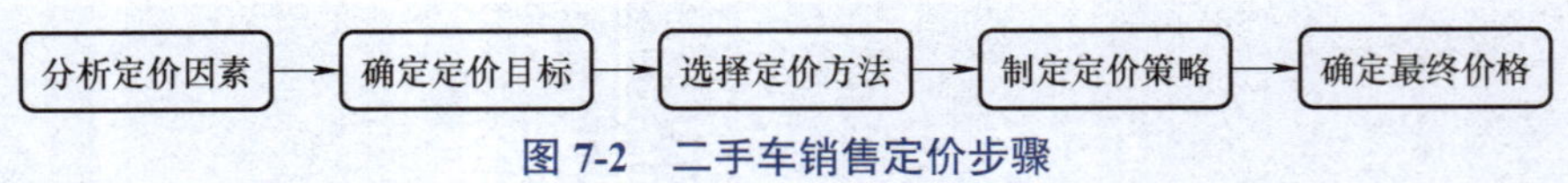

图 7-2　二手车销售定价步骤

2. 二手车销售定价的影响因素

（1）市场需求　二手车的销售应符合所有商品的市场规律，也就是说，必须在市场可接受的基础上进行，必须有市场需求，必须适应市场对该产品的供需要求，能够被购买者接受。

（2）市场竞争情况　企业立足于市场，必须知己知彼，除了分析自身外，外界竞争环境也至关重要。要想做好二手车销售员，一是需要了解产品在市场上直接竞争的车型情况，如相对应的新车车型、同类二手车车型、可替代的同类车车型等；二是需要考虑本地区同行业竞争对手的价格状况，根据自己的市场地位和条件，确定价格计划，如选择与竞争对手相同的价格，还是低于竞争对手的价格等，对这些必须有清晰的认识和规划。

（3）销售的目标客户群体　明晰销售的目标客户群体，是为了在定价时能根据其价格敏感程度来制定销售策略，如价格策略、品牌策略、品质策略和服务策略等。

（4）成本因素　确定销售价格除了考虑以上市场因素外，还需要考虑成本和销售周期，二手车的销售价格如果无法补偿成本，企业的经营活动就难以维持。

3. 二手车销售定价的调研渠道

1）当前新车价格调研，可以从各 4S 店直接获得。

2）第三方市场数据，是由有关调研机构提供的二手车市场行情价格。

3）互联网上的二手车销售价格。

4）二手车有形市场直接抽样询问调研。

5）合作伙伴提供的报价。

通过对以上市场行情价格信息进行综合分析，得出指导本店二手车经营的市场价格。

知识点二　二手车门店销售

二手车门店销售过程和新车门店销售过程区别不大，主要包括客户开发（线上、线下集客）、售前准备（主要是车辆清洁、美容）、客户接待、需求分析、产品介绍、试驾车辆、协商成交、交车、售后关怀等环节。

二手车门店须给客户提供良好的产品体验，以利于业务成交。

知识点三　二手车电商

随着互联网的快速发展和二手车市场规模的逐步扩大，二手车电商平台应运而生，这些平台通过运用大数据、功能集成、完善评估体系等手段，努力为消费者提供二手车市场价格查询、售前检测和质保等服务。

电商平台不断改善选车体验，如通过定位识别推送就近服务点，广泛采用 VR 全景看车，提供多种选车模式，提供详细的车辆检测报告和视频检测功能等，不仅增强了消费者对电商平台的信任，也提高了车辆交易的透明度。

在售后服务保障方面，电商平台不断扩大质保服务的范围，建立完善的售后体系，努力保障消费者的权益，促进了二手车行业的规范化发展。随着科技的不断进步和市场的深入发展，二手车电商平台将会为消费者提供更加优质、更加便捷的服务。

知识点四　二手车置换

二手车置换是消费者用二手车的评估价值加上另行支付的车款，从品牌经销商处购买新车的业务。

汽车置换运作模式主要有两种。

1. 同品牌旧车置换新车

车主将旧车折价卖给同一品牌的汽车 4S 店，再买一辆同一品牌的新车。

2. 不同品牌旧车置换新车

消费者可以用其他品牌的二手车折价置换新车。

【任务实施】

步骤一　分析二手车销售定价的影响因素。

从市场需求、市场竞争情况、销售的目标客户群体和成本因素等方面进行分析，以合理确定二手车销售定价。

步骤二　确定二手车销售价格。

现有一辆某主流品牌小型客车，排量 2.0L，行驶里程 19 万 km，已使用年限 10 年，技术状况良好，二手车商报价 4 万元，试分析其价格是否合理?

请根据上述车辆的情况，分析其销售价格。

【任务评价】

请根据自己在本任务中的实际表现进行自评。

序号	评价标准	评分分值	得分
1	能够做到 7S（整理、整顿、清洁、清扫、素养、安全、节约）	10	
2	能够理解和明确工作任务	10	
3	掌握工作相关知识及要点	10	
4	能够正确描述车况	10	
5	能够合理分析定价的影响因素	20	
6	能够合理定价	20	
7	具有实事求是精神、诚实守信精神，能够遵纪守法、按章办事	10	
8	初步具有一丝不苟、精益求精的精神	10	
合计（总分 100 分）			

请指导教师检查、评价任务完成情况。

序号	检查项目	结果是否与实际相符	
		相符	不相符
1	车况描述		
2	影响因素分析		
3	定价分析是否合理	□是	□否
4	实事求是精神、诚实守信精神	□具备	□不具备
5	遵纪守法、按章办事意识	□具备	□不具备
6	争做大国工匠、高技能人才意识	□具备	□不具备
7	一丝不苟、精益求精的工匠精神	□具备	□不具备
对任务完成情况综合评价：□优秀　□良好　□中等　□及格　□不及格			

【拓展帮助】

引导客户进行车辆置换的方法

（1）了解客户需求　首先与客户进行充分的沟通，了解其置换需求和期望，询问其想要置换的车型、预算范围以及对新车的要求等。同时，提及置换车辆的优势，例如新车的安全性能、燃油经济性、舒适性等。

（2）提供个性化建议　根据客户的需求和偏好，提供个性化的置换方案和建议。例如：如果客户对燃油经济性较为关注，则可以推荐一款经济型的新车型；如果客户对空间和舒适性有要求，则可以介绍一款宽敞舒适的车型等。

（3）透明交流　在与客户沟通时，要保持透明和诚信，如果客户提出关于置换过程、手续费用或者车辆评估等方面的问题，要给予准确和详细的回答，确保客户对整个置换过程有清晰的了解。

（4）提供附加价值　除了提供置换服务，还可以向客户介绍其他增值服务，如延长质保期、提供免费维护或车辆检查服务等，可以增加客户对置换交易的满意度。

【思考提升】

1. 判断题

1）旧机动车交易市场应坚决杜绝盗抢车、走私车、非法拼装车及证照与税费凭证不全的车辆上市交易。（　　）

2）未办理报废手续，但已达到报废标准或在一年时间内（含一年）即将报废的各类机动车，禁止交易。（　　）

3）查看收购车辆的机动车行驶证时，如时间较紧张，检验记录可以不查看。（　　）

4）买卖双方洽谈车价时，买家应该要让卖家体会到购买的诚心。（　　）

5）二手车置换时只能置换同品牌的车辆。（　　）

6）二手车置换时，可以不签订合同就提新购置的车辆。（　　）

7）从法律角度看，完成车辆交易的使用权易主即实现了车辆法律上的易主。（　　）

8）二手车买卖合同应明确买卖双方的权利和义务。（　　）

9）4S 店二手车置换的优点是周期短、时间快、风险较小等。（　　）

2. 单选题

1）收购二手车时，双方一定要（　　），约定双方的权利义务。

A. 查看车辆　B. 办理过户　C. 付清车款　D. 签订合同

2）一般情况下，相同车型、年款、配置的车辆，（　　）也基本相同。

A. 车况　B. 车龄　C. 新车指导价　D. 二手车销售价

3）二手车买卖合同中，双方当事人在法律地位上是（　　）的。

A. 对等　B. 对立　C. 平等　D. 均等

4）二手车交易属于（　　）交易范畴。

A. 产权　B. 实体　C. 营销　D. 贸易

参 考 文 献

[1] 林绪东 . 二手车鉴定评估彩色图解教程［M］. 2 版 . 北京：机械工业出版社，2024.
[2] 孙泽涛，王婷，王晓杰 . 二手车鉴定评估与交易［M］. 北京：机械工业出版社，2019.
[3] 朱晓红 . 二手车鉴定与评估［M］. 2 版 . 北京：机械工业出版社，2021.
[4] 马其华，黄修鲁 . 二手车鉴定评估与交易［M］. 北京：机械工业出版社，2022.